Le Beau Garçon

DU MÊME AUTEUR

Martin Melrand
roman
Éditions 987, 2015

HECTOR AUFFRÉMONS

Le Beau Garçon

roman

Éditions 987

© Éditions 987, 2016.

Le Code français de la propriété intellectuelle interdit les copies ou reproductions destinées à une utilisation collective. Toute représentation ou reproduction intégrale ou partielle faite par quelque procédé que ce soit, sans le consentement de l'auteur ou de ses ayants droit ou ayants cause, est illicite (article L. 122-4) et constitue une contrefaçon sanctionnée par les articles L. 335-2 et suivants du Code de la propriété intellectuelle.

Le Beau Garçon est une œuvre de fiction dont l'action se déroule au XVIIe siècle. Les personnages sont fictifs. Par conséquent, toute ressemblance avec des personnes existantes ou ayant existé serait involontaire. Le décor est peuplé de personnages historiques plus ou moins célèbres. Il est parlé brièvement de l'affaire des poisons. Les empoisonneurs mentionnés ont existé réellement. Les extraits de divers interrogatoires sont authentiques. L'exécution de la marquise de Brinvilliers, la messe dite par Tournet, comme les scènes chez la Voisin et la Vigoureux, sont basées sur des éléments authentiques.

« Le second événement tragique fut qu'entre ma mère et mon grand-père je me cassai deux dents de devant en tombant sur le coin d'une chaise. Mon bon grand-père ne revenait pas de son étonnement : "Entre sa mère et moi !" répétait-il comme pour déplorer la force de la fatalité. »

STENDHAL,
Vie de Henry Brulard.

« Vous n'avez guère de cœur, vous pleurez. »

> Marie-Madeleine d'Aubray,
> marquise de Brinvilliers,
> *Confrontation avec Briancourt,
> trois jours avant son exécution.*

Sa mère se prépare. Elle est entourée de domestiques. Geoffroy est tout petit, on ne fait pas attention à lui. Il sort de la chambre, court dans le couloir, dévale l'escalier, pousse une porte, puis une autre. Il est dehors. Le carrosse est devant le perron. Le cocher est assis à sa place. Les valets discutent. Ils devaient partir à trois heures. Il est cinq heures. Geoffroy monte dans le carrosse. Il descend par l'autre portière. Il court, monte les marches, pousse une porte, puis une autre. Il traverse un couloir. Il pousse la porte du salon. Son père attend sa mère verre à la main assis dans un fauteuil. Il n'attend que depuis deux heures. Il lui est arrivé d'attendre plus longtemps. Une fois il a attendu cent-quarante-quatre ans environ. Geoffroy tourne autour du fauteuil. Il sort du salon. Il monte à l'étage. Il va dans la chambre de sa mère. Sa mère est assise sur le lit, elle boit un chocolat. Ses servantes sont debout devant elle.

Élisabeth lui dit qu'elle ne sait pas embrasser, qu'elle ne l'a jamais fait. Geoffroy lui dit que c'est facile.

Ils sont dans le lit. Il lui a promis, il lui dira « quand ce sera ».

Madame la comtesse fait la loi. Les gens le savent. Ils consultent d'abord madame pour chaque chose. Elle les écoute et répond toujours : « Il faudrait voir avec monsieur le comte. » Elle explique tout à son mari. Parfois pour s'amuser elle lui laisse deviner le fond de sa pensée. Le cerveau sans rides du comte arrive vite à saturation. Madame la comtesse a deux frères et deux sœurs. Elle aime assez ses deux sœurs. Elle méprise ses deux frères. Elle méprise tous les hommes.
Elle est belle. Elle a transformé un abruti violent comme monsieur le comte en chien sage et fidèle.

Geoffroy ne peut pas imaginer son père au lit avec sa mère.

Le père de Marie est leur meilleur cocher. Geoffroy l'aime bien. Jeanne sait que Marie passe du temps avec Geoffroy dans sa chambre. Jeanne est la fille du charpentier. Jeanne a seize ans, deux de plus que Geoffroy. Jeanne est sérieuse, elle le prend à part, elle a des choses à lui dire. Elle lui dit tout ce qu'elle sait. Elle lui promet de garder le secret.

Jeanne s'allonge sur le dos. Elle relève sa robe et écarte les jambes. Ça sent la sueur, et l'odeur que dégage le sexe des filles, et un peu la pisse.

Premier bal après la séparation d'avec Mathilde. Anne-Léonore danse avec lui. Anne-Léonore est une cousine éloignée de Louise. Elle passera un mois chez Louise. Grande aux cheveux châtains et aux yeux verts. Il sort pour fumer, Anne-Léonore accepte de l'accompagner. Elle ne parle pas beaucoup. Il l'invite à se promener avec lui, elle accepte. Elle ne parle pas beaucoup. *La soirée est ratée.* Il se trompe. Ils vont passer de belles vacances ensemble.

Ils sont chez Alphonse. Ses parents donnent des fêtes magnifiques. Geoffroy a fait connaissance avec Marthe-Marie-Antoinette. Elle a dix-neuf ans, trois de plus que lui. Jolie brune. Ils ont dansé deux fois, ils ont fait une pause sur la terrasse, ils ont dansé encore, ils font une nouvelle pause. Elle lui raconte sa vie dans le détail. Il ne l'écoute pas bien sûr. Élisabeth est rentrée chez elle depuis quelques jours. Il peut passer la nuit avec Marthe-Marie-Antoinette; la nuit est belle, ils sont beaux. Il lui propose de faire un tour dans le parc, elle accepte. Il fait déjà sombre. Une fille *sans aucune intention* n'aurait pas accepté. Il lui offre son bras. Il connaît par cœur le parc du château. Il sait où il va l'emmener. Elle lui raconte des histoires qu'il n'écoute pas; il bande. Il lui caresse la main posée sur l'avant-bras; elle parle. Ils y sont. Il fait noir. Il s'arrête, elle arrête de parler. Elle frémit. Il la plaque contre un arbre, il lui prend la tête entre les deux mains et l'embrasse. Elle bouge la tête comme elle peut. « Non ! » Elle lui demande ce qu'il fait. Elle prononce un autre *non*, elle lui demande d'arrêter, puis rien. Il l'a bien coincée contre l'arbre. Il lui martyrise les seins. Il lui suce les lèvres.

Il recule, il panique, il lui dit qu'ils doivent rejoindre les autres. Elle est silencieuse, elle ne bouge pas. Il répète, elle obéit. Ils avancent l'un derrière l'autre. Il est plus rapide qu'elle, il la devance de deux mètres. Il pense avoir été pris de folie, il regrette, mais ils ne peuvent pas revenir en arrière. Il ne sait pas si elle a des frères ou des cousins en âge de se battre. Elle a un père, donc il n'échappera pas au châtiment. Il le fera poignarder quelque part. À une cinquantaine de pas du perron on entend la musique. Elle parle pour la première fois depuis *l'arbre*, elle lui demande de s'arrêter. Elle lui dit que si quelqu'un apprend ce qu'il s'est passé, il le paiera de sa vie. Il n'en croit pas ses oreilles. *C'est tout ?* Il dit : « Promis. »

Geoffroy vient de recevoir cinquante coups de fouet. Il est dans son lit. Il est couché sur le ventre, il ne peut pas se mettre sur le dos. Sa mère ouvre la porte de la chambre et jette un coup d'œil. Il lui dit à voix basse qu'il a mal, qu'il ne supporte pas le poids de la couverture sur lui. Sa mère lui dit qu'il ne fallait pas agir sans la permission de son père. La punition était méritée, son père a fait ce qu'il devait faire. Elle a prononcé les derniers mots en refermant la porte derrière elle.

Geoffroy a huit ans. Il passe tout son temps à dessiner. Il a dessiné le portrait de son oncle Philippe. Il trouve que le résultat est parfait. Il se demande si le dessin sera mis dans la galerie familiale du château. Dessin à la main il court voir sa mère. Elle jette un coup d'œil et dit en reprenant sa lecture qu'elle espère qu'il ne défigurera pas les gens de la sorte.

La mère de Louise est venue passer l'après-midi avec la mère de Geoffroy. Geoffroy et Louise ont six ans. La nourrice les met faire la sieste dans la même chambre. La nourrice est la personne la plus méchante que Geoffroy *ait jamais connue*. Il sait que sa mère se fâche contre elle quand il ne dort pas. Alors il a décidé, *il y a longtemps*, que jamais de sa vie il ne s'endormirait. Il ne dort pas. Louise ne dort pas non plus. Une table de nuit sépare les deux lits. Il lui parle à voix basse, elle lui répond à voix basse, sans bouger la tête et en gardant les yeux fermés.

Il relève sa chemise au-dessus du nombril. Il lui dit qu'elle peut le regarder. Elle tourne la tête. Elle fixe le sexe. Il veut la voir à son tour. Il lui demande de faire comme lui. Elle ne réagit pas. Ses yeux sont grands, son regard est toujours figé. Il répète. Elle fait comme lui, elle relève sa chemise au-dessus du nombril. Il ne peut rien voir. Il la rejoint. Il ne peut toujours rien voir. Il lui demande de se retourner et de se mettre à quatre pattes. Elle le fait. Il se place derrière elle. Il lui demande d'écarter un peu ses jambes. À chaque fois qu'elle bouge sa fente s'ouvre un instant et il regarde la chair rose. Il écarte les lèvres avec ses doigts et maintient pour voir plus longuement. Il retire ses doigts. Il écarte de nouveau. Il touche le petit bout de chair à l'extrémité de la fente. Louise bouge légèrement le ventre. Elle écarte un peu plus les jambes. Elle remonte un peu plus la chemise. Il arrête. Il n'y a plus rien d'intéressant à voir. Il retire sa main. Il se retourne pour regagner son lit. La nourrice court paniquée vers eux. Il est surpris, il ne l'a pas entendue entrer dans la chambre. Elle lui tape sur les mains et elle le pousse violemment vers son lit. Elle prend Louise dans ses bras et part en courant.

Le procès a lieu dans le salon. Il est assis dans un fauteuil. Les deux mamans sont debout devant lui. Elles lui posent des questions. Il ne répond pas. Il ne les regarde même pas, il regarde par terre. Elles le laissent partir. Louise n'a pas subi d'interrogatoire, elle a été considérée comme victime.

Marie est la fille du cocher. Elle apprend le métier de cuisinière. Elle a douze ans, deux de moins que

Geoffroy. Elle accélère le pas lorsqu'elle le croise seul dans quelque galerie du château.

Il la coince dans l'angle, près de la remise.
Elle doit lui dire qui est son maître.
Elle doit lui dire si on obéit toujours à son maître.
Il lui dit qu'il l'attendra après le dîner dans la remise.

 Les années passent. Ils grandissent. Marie devient une bonne cuisinière.

 Il apparaît à la porte de la cuisine, ils échangent un regard, il monte dans sa chambre, Marie le rejoint.

 Geoffroy n'a que treize ans, mais il est déjà grand et fort. Il monte parfaitement à cheval. Son père est parti pour la journée. Geoffroy a pris le barbe blanc, le plus beau de tous les chevaux de son père. Au retour il a vu le carrosse de son père devant le perron. Il s'est dit qu'il allait passer un dur moment, et il ne s'est pas trompé. Il a reçu cent coups de fouet. Les quinze premiers coups sont douloureux ; par la suite, la douleur est supportable parce que les endroits qui saignent déjà deviennent insensibles. Geoffroy a de l'expérience. Son père a fait une pause, il a bu un verre de vin ; Geoffroy s'y attendait, son père le fait toujours, il reprend des forces. À la fin son père était fatigué, plus fatigué que d'habitude. Geoffroy l'a couché par terre. Couché sur le ventre. Il s'est assis sur lui, il lui a déchiré la chemise, il a sorti son couteau à lame fine, comme ceux des chirurgiens, et il lui a tailladé le dos.

Il s'est vu quitter son corps. Il s'est vu assis sur son père en train de lui taillader le dos. Il voit *l'autre Geoffroy* venir le rejoindre. Il finit de se rhabiller. Son père est debout à côté la fenêtre la plus éloignée. Il regarde dehors.

Mathilde est en colère, elle lui dit qu'elle le déteste, elle crie, elle lui dit qu'elle préfère le quitter. Il n'a pas le temps de parler, elle le frappe, et elle le frappe une deuxième fois. Il l'immobilise pour qu'elle ne recommence pas. Il n'en revient pas. Il attend qu'elle se calme. Il la libère. Elle sort.

Elle veut le voir, elle le lui écrit. Elle va le voir. Ils se remettent ensemble. Elle lui reproche d'avoir été avec d'autres.
« J'ai pensé devenir prêtre, mais j'ai changé d'avis.
— Je suis sérieuse. »
Mathilde devient pourpre quand elle a envie de sexe et donne l'impression de dégager de la chaleur autour d'elle.

Mathilde l'a encore quitté. C'est la troisième fois. Comme les autres fois, cris, insultes. Il s'attendait à ce qu'elle le frappe ; elle n'y est pas allée de main morte. Il s'est laissé faire. La première fois il a cru la perdre. Elle revient toujours vers lui. Il pense qu'elle est « passionnée ».

Mathilde l'a quitté en janvier 1670, elle est revenue vers lui en juin, elle l'a quitté début juillet, elle est revenue en décembre, elle l'a quitté en février 1671...

Le jour où elle revenait, elle se mettait à lui expliquer pourquoi elle l'avait quitté et pourquoi elle revenait. Il la déshabillait *pendant qu'elle lui expliquait les choses.*

Jeanne s'est mariée avec le fils du bûcheron, lui aussi bûcheron. Il arrive que les bûcherons travaillent autour du château pendant plusieurs semaines. Jeanne et Geoffroy ne se voient pas, le risque est grand.

Geoffroy parle avec le bailli du château — il l'appelle noblement *capitaine du château*, les autres l'appellent vulgairement *agent des affaires de monsieur le comte*. Dès que Geoffroy lui parle des bûcherons, le bailli comprend qu'il va examiner la possibilité de les envoyer couper du bois loin les jours prochains.

Les amis l'apprécient beaucoup, les filles l'adorent... Il est dans le salon avec sa mère. Elle lit, il boit un chocolat. Il lui dit que les gens l'aiment.

« Les gens ne te connaissent pas. Ils ne savent pas qui tu es. Je sais qui tu es et ce que tu vaux. »

Geoffroy est au plus haut de sa forme. Il gagne tous les combats. Il est admiré de tous. Il a invité son père. Son père manie bien l'épée. Il est capable de l'apprécier à sa valeur. Son père est parti avant la fin.

Il fait nuit. Il descend du cheval. Il a encore gagné. Il est content. Il va directement voir son père, il lui demande s'il a aimé. Son père lui dit qu'il ne sait pas se battre. *Faux.* Il est bon. Tout le monde le dit, et il gagne beaucoup de tournois. Son père ne dit pas la vérité. Il décide que l'avis de son père n'aura plus de valeur pour lui.

Balthazar-Charles-Ferdinand-Frédéric d'Asguilly, comte de Monthemeri, marquis de Dofrermont, baron de Castelbrisson, seigneur de Malincourt, Dargemont, Deray, Tramons, Montcanisy, etc., est né en 1621, s'est marié en 1652, a eu un fils en 1654, a eu un deuxième fils en 1657 qu'il a perdu cinq ans plus tard. La même année il a failli perdre sa femme également — elle a fait une fausse couche, la troisième consécutive.

Le comte a appris à écrire assez jeune, comme tous les enfants issus de bonnes familles. Il serait passé au stade supérieur, on lui aurait enseigné l'histoire, la géographie, l'art oratoire... Il serait devenu certainement un grand savant s'il ne s'était pas jeté sur son précepteur le jour où celui-ci lui a dit : « Maintenant nous allons aborder la rhétorique. » Il lui a crevé l'œil droit. Son père a estimé qu'il valait mieux ne pas insister s'ils ne souhaitaient pas avoir la mort d'un précepteur sur la conscience. Voilà pour l'instruction. Sa famille lui a trouvé une fille de bonne naissance. Éducation parfaite, excellente instruction. Il faut dire également qu'elle était belle, bien que cela n'influençât que marginalement la décision de la famille. Indépendamment de la liste des critères dressée par la famille, sa beauté était l'unique chose qui a intéressé le comte. Il est tombé amoureux. Il restait avec sa femme toute la journée. Il ne chassait plus. Pour rester avec elle, il était prêt à tout, même converser. Il a découvert les délices de la conversation. Au début il était tout excité. Avec le temps il s'est lassé. Converser avec sa femme était pour lui une activité intellectuelle soutenue. Il a arrêté, il faut savoir perdre. Il lui demande son avis sur tout avant de prendre *la décision appropriée*.

Le comte est l'aîné de la fratrie. Marguerite, sa sœur, et ses deux frères, François et Philippe, tous célibataires, vivent ensemble dans un petit château pas loin. Les deux frères possèdent des rentes, la sœur est réduite à sa légitime. Deux fois par an le comte leur distribue de l'argent. Ils remercient leur belle-sœur, particulièrement. Ils savent que sans son accord, la généreuse distribution n'aurait jamais eu lieu.

Philippe sort du salon. Il a reçu beaucoup d'argent. Il est très satisfait. Il croise Geoffroy. Il l'embrasse. Il lui dit que l'avenir de leur famille dépend de lui. Il succédera à son père, il le méritera pleinement. Philippe se met à genoux devant « le futur héritier ». Il « prête allégeance ». Il a un regard troublé. Geoffroy est gêné, il ne voit pas pourquoi il se met à genoux. Peu importe après tout. Il aime beaucoup Philippe. Il pense qu'en cas de coup dur, s'il ne devait rester qu'une seule personne à ses côtés, cette personne serait son oncle Philippe.

Geoffroy s'exerce à l'épée avec Philippe. Philippe lui dit qu'il se bat mieux que tous ceux qu'il connaît. Il est fatigué mais heureux de voir que son oncle apprécie sa façon de se battre. Il aime Philippe comme le grand frère qu'il n'a pas eu. Ils n'ont pas tant d'écart d'âge que ça, une douzaine d'années.

Geoffroy n'a pas le droit de monter à cheval, il est jeune encore, il n'a pas douze ans. Philippe l'accompagne. Il lui dit qu'il monte à cheval comme un chef de guerre. Il le regarde admiratif.

Marie-Anne-Thérèse a un an de plus que lui. Il lui a fait la cour pendant quelque temps. Elle l'a tenu en haleine « sans rien lui accorder ». Il a arrêté de lui tourner autour sans avoir compris ce qui s'était passé. Mathilde l'avait quitté sans qu'il eût compris pourquoi. Il se traitait de crétin. Il était fatigué. Lucrèce, poétesse, et grande amatrice de « liqueurs magiques », et de sexe, l'a sauvé. C'est magnifique et il n'y a rien à comprendre.

Lucrèce vient de lui apprendre que Marie-Anne-Thérèse et ses cousines ont mis au point une méthode pour se faire demander en mariage.

Le père d'Élisabeth lui fait demander quelles sont « ses intentions relativement à sa fille ». Il est surpris.

« Mes intentions ?! » Il parlera avec Élisabeth. Ils vont être plus discrets et il n'aura plus à répondre à ce genre de questions. Élisabeth est la plus belle des filles. Leur histoire est grandiose. *Il pense à l'amour.*

Élisabeth n'est pas venue au rendez-vous. Il entre en cachette chez elle. Il veut savoir s'il y a un problème, s'il lui est arrivé quelque chose. Elle le vire. La fille qui vient de le virer est... Élisabeth ! *Comment est-ce qu'elle peut ?! C'est comme qui dirait la folle passion entre eux !*

Les gens n'osent pas trop parler d'affaires avec le comte de Monthemeri. À chaque fois qu'on lui parle d'autre chose que de chasse son cerveau sature. Il arrive vite à la conclusion qu'on veut lui prendre son bien. Sa réaction est chaotique. Alors, les hommes ne parlent pas d'affaires avec lui directement, du moins pas dans un premier temps. Leurs femmes discutent d'abord avec madame la comtesse, l'information circule, « la chose mûrit » dans la tête de monsieur le comte. Geoffroy connaît la combine. Il se demande si son père comprend que les gens le traitent comme un débile.

Geoffroy a de grands projets. Il veut aménager le cabanon de chasse abandonné. Il en parle à sa mère. Il est heureux de voir qu'elle est d'accord. Elle lui dit comme d'habitude qu'il faudrait parler avec son père. Il sait que si elle est d'accord son père ne refusera pas.

Il avait raison. Son père lui a promis que des travaux de restauration et d'aménagement seraient entrepris dès l'arrivée des beaux jours.

Pierre-Louis lui montre ses habits neufs. Geoffroy lui dit qu'ils sont superbes. Pierre-Louis les lui prête, puis il est d'accord pour les lui donner. Les parents de Pierre-Louis sont d'accord aussi. Sa mère lui ordonne de rendre le costume à son ami, son père le traite de tous les noms.

Geoffroy veut qu'on lui achète un cheval. Il n'a que quatorze ans, mais il monte depuis au moins deux ans. Il voit sa mère. Elle n'est pas d'accord. Il n'en parle pas à son père. Il comprend que sa mère l'a mis au courant. Son père ressemble à un crétin qui ayant déjà préparé une réponse devient nerveux lorsque la question ne vient pas. Il pense que son père a vraiment une tête de gros débile.

Son père a gravement blessé l'ambassadeur. Il encourt la disgrâce du roi. L'affaire est extraordinaire. Chaque jour plusieurs carrosses s'arrêtent devant le perron, des gens importants rendent visite à son père. Il a appris que son père est en train de demander à tout le monde d'intervenir auprès du roi en sa faveur. Il pense que son père doit tout arrêter, qu'ils doivent ramasser ce qu'ils peuvent et fuir à l'étranger. *Il a la solution*. Il voit son père. Il expose son point de vue. Son père le regarde bizarrement. Il le vire du salon comme un malpropre.

La famille passe la belle saison à la campagne. Les autres familles de leur cercle font la même chose. La petite communauté s'élargit et se rétrécit au rythme des arrivées et des départs des cousins et des amis de tout le monde. Les fêtes sont quotidiennes.

Louise et Geoffroy n'ont plus jamais fait la sieste ensemble. Pendant plusieurs mois on ne les a même pas laissés jouer seuls. La petite exploration pendant la sieste ils l'ont cachée dans le fond de la mémoire ; ils ne l'évoquent jamais. Ils ont appris à écrire ensemble, ils ont appris à danser ensemble, et toutes ces choses-là. Pour tout le monde leur amitié existe depuis toujours.

Louise se marie avec le marquis de Millay. Le marquis de Millay vit à l'autre bout de la France. Louise pleure beaucoup.

Mathilde a quinze ans. Elle est l'aînée de la fratrie. Ses petits frères et sœurs ne savent pas si elle les aime. Elle les aime un jour, elle les hait le jour suivant. La haine pour sa mère est invariable. En société Mathilde est polie. Elle est réservée mais pas tellement froide. On pense qu'elle passe sa vie le nez dans les livres. Quand elle décide de participer à la conversation, elle brille, et c'est comme si elle n'a pas leur âge. Mathilde n'est pas extrêmement jolie, mais elle donne l'impression d'être au-dessus de tout. Les garçons n'osent pas.

Geoffroy lui a déclaré son amour. Après un temps de réflexion elle *a accepté son amour*. Il est raide dingue d'elle. Après avoir passé l'après-midi avec elle, rentré, nourri, couché dans son lit, il pense toujours à elle. La seule façon de se calmer est de retourner la voir. Parfois il le fait. Il escalade un mur de quatre mètres, il va sous ses fenêtres, lui fait signe et part se cacher au fond du jardin, à *leur endroit*. Elle descend aussitôt. Elle lui a jeté un sort, il n'y a pas d'autre explication. Antoine en est persuadé et il le lui dit.

Élisabeth habite loin, mais elle passe la belle saison avec eux. Un an plus tôt elle le regardait, lui, il ne la regardait pas tellement. Tout a changé. Il ne regarde qu'elle. Elle a de vrais seins, on dirait une vraie femme. Elle a commencé à se farder comme un grande. Ses cheveux descendent jusqu'à la taille. Elle a les cheveux noirs, et ses cheveux sont fins comme de la soie. *La vie sans Élisabeth n'est pas pensable.*

Le vieux cabanon de chasse appartient à son père, comme tout le reste jusqu'à l'horizon. La bâtisse est entourée d'une futaie dense. *La végétation autour protège contre les regards indiscrets.* À l'extérieur tout est à l'état sauvage, à l'intérieur tout est propre et en ordre. L'espace est presque vide. Il y a un canapé face à la cheminée, un petit bureau à côté de l'une des fenêtres, et plus loin une petite table ronde. Geoffroy a fait poser une sorte de mezzanine. Il y a fait placer un lit. Le lit est grand, mais simple, comme les lits des domestiques. *Cabanon de chasse*, il n'aime pas, il l'appelle *Maisonnette des guerriers du royaume de G.* La Maisonnette est son petit coin tranquille à l'écart du monde. Déjà quand le cabanon n'était pas encore un lieu aménagé, il y passait des journées entières ; il s'allongeait sur les vieilles planches noires, fermait les yeux et laissait courir son imagination. Les assauts, les grands combats ; il rentrait couvert de gloire et comblé d'honneurs. Tout était brillant. Tout était grandiose. Le soir il retournait au château. Il revenait d'un autre monde. Le château lui paraissait trop banal, trop pas-à-sa-taille, pas-à-son-superbe. Depuis quelques années, la Maisonnette est le lieu où il fait seul ou avec des amis *tout ce qui ne doit pas être su.*

Lucrèce a vingt-deux ans, six de plus que Geoffroy. Lucrèce est blonde. Elle n'est pas très grande, mais elle est belle. Elle est vraiment belle. Il est impossible de donner le nombre exact des gars qui en la voyant pour la première fois ont murmuré : « Dieu qu'elle est belle ! » À chaque bal Geoffroy trouve le moyen de se placer près d'elle pour admirer ses seins. Au dernier bal elle a dansé plusieurs fois avec lui et ils ont passé beaucoup de temps ensemble sur la terrasse.

Lucrèce, Antoine et Geoffroy sont à la Maisonnette. Lucrèce casse le silence. Elle a un grand problème. Son père l'a fiancée avec un homme âgé, elle devra bientôt faire ses malles. Elle ne veut pas se marier. Elle n'aime pas les vieux. Antoine veut qu'on le laisse tranquille, c'est son problème. Geoffroy leur dit qu'il ne sait pas quel est son problème. *Pour rien au monde il ne parlera de ses problèmes.* Lucrèce dit qu'il y a toujours un problème. Geoffroy promet d'y réfléchir. Il les aime Lucrèce et Antoine. *Il pourrait parler.*

Lucrèce et Antoine boivent du vin mêlé avec de la *goutte magique*. La goutte magique est une préparation à base d'opium. Geoffroy boit de l'eau-de-vie de Cognac. Et ils fument. Lucrèce leur lit des vers. Lucrèce écrit bien.

Gaston est fort comme lui. Ils s'entraînent ensemble à l'épée. Ils gagnent tour à tour. Ils montent à cheval ensemble. Ils sont magnifiques. Gaston sait qu'il partira à l'armée. Son oncle a une garnison. Il ira le rejoindre. Geoffroy est tenté. Il ne sait pas encore ce qu'il fera. Mais avec Gaston il irait n'importe où. Alphonse se bat bien aussi, mais pas comme eux. Il est toujours avec eux. Il leur demande des conseils. Hector est un cousin d'Alphonse. Pendant les vacances il s'entraîne avec eux. Hector est excellent tireur. Un jour il a tué huit lapins en moins de deux heures. Hector, comme Gaston, partira à l'armée. Antoine traîne avec eux, mais il ne s'exerce pas, il regarde. Pendant qu'ils se battent, il fume sa pipe et boit des liqueurs magiques.

Gaston lui donne une invitation. Il y a un bal chez Marthe-Marie-Antoinette. Gaston était chez Alphonse. Marthe-Marie-Antoinette est arrivée accompagnée de deux valets. Elle est allée leur remettre l'invitation en main propre. Geoffroy est certain qu'elle l'a invité pour le faire tuer. Aucune autre possibilité n'est logique. Ils ont passé un marché, apparemment elle a décidé d'y revenir. Il ne lui en veut pas. C'est lui qui l'a agressée chez Alphonse. Il est temps d'assumer. Il va y aller pour en finir. Gaston lui répète que ses craintes sont exagérées. Marthe-Marie-Antoinette était amicale, et un peu timide, et émue. Gaston trouve qu'il a beaucoup de succès avec les filles. Il le regarde d'un œil envieux. Il lui sourit gentiment.

Pas d'agression dans les bois ni dans le parc ni dans le vestibule. La voilà. Elle n'est ni souriante ni tout à fait sérieuse. Elle le regarde par en dessous. Il est venu pour se battre. *Elle doit savoir qu'il est venu pour se battre.* Il lui demande : « Tes amis m'attendent quelque part ?
— Personne ne t'attend nulle part. Tu es ici mon invité. »

Il est déçu. *Il avait pensé sérieusement à la mort.* Gaston veut les laisser seuls. « Hors de question. » Ils rentrent.

Marie-Henriette adore sa grand-mère. Sa grand-mère est sa confidente et son « alliée indéfectible » depuis qu'elle est toute petite. Il est dans le salon avec Marie-Henriette et la grand-mère. *La grand-mère donnera son avis.* Il ne s'intéresse plus qu'à la grand-mère. Il fait comme si Marie-Henriette n'est pas dans le salon avec eux. *C'est pour s'amuser.* Marie-Henriette est optimiste quant à la situation de sa famille. Parmi ses amis, elle est la seule à croire que tout s'arrangera. Il pense de temps à autre qu'il doit lui dire qu'il partira et ne reviendra pas.

Quelques jours plus tard il l'a vue. Il était dans sa bibliothèque. Elle a ouvert la porte. Elle lui a fait son plus beau sourire. Elle a marché vers lui sans le quitter des yeux. Il l'a serrée fort dans ses bras.

Il lui raconte des d'histoires. Parfois elle lui dit qu'elle n'en croit pas un mot. Elle éclate de rire.

Il a fait poser un grand lit dans sa bibliothèque. Elle vient la nuit. Ils ne font pas l'amour. Elle garde sa robe. Il lui demande de s'asseoir sur le lit. Il la peigne, il la maquille. Elle est sa poupée. Ils s'allongent côte à côte.

Elle repose sous un sépulcre en marbre blanc près de la sacristie. Il lui rend visite tous les jours.

Un jour elle lui a parlé. Il ne croyait pas aux revenants, mais il a entendu clairement sa voix. Il a envisagé la possibilité de s'être trompé à propos des revenants. Il lui a répondu.

Quelques jours plus tard il l'a vue. Il était dans sa bibliothèque. Elle a ouvert la porte. Elle lui a fait son plus beau sourire. Elle a marché vers lui sans le quitter des yeux. Il l'a serrée fort dans ses bras.

Le roi a décidé que le bien du comte de Monthemeri serait saisi et son château rasé. Il est vrai que le comte n'a pas été gentil avec l'un des ambassadeurs du roi de passage dans la région, une sorte d'abruti alcoolique qui se prenait pour le roi ; le comte lui a donné plusieurs coups de bâton, il lui a fracturé le crâne, il lui a cassé trois côtes, et s'il ne l'a pas tué c'est parce que les gens autour l'en ont empêché à temps. Les personnes qui ont plaidé en sa faveur n'ont rien obtenu. Le roi n'est pas revenu sur sa décision. Le comte a retiré diverses sommes d'argent des mains de ses débiteurs et il a quitté la France. Il est arrivé à Londres en octobre 1670, sa femme l'a rejoint en janvier 1671. Le comte, aidé par des amis, est d'abord allé en Hollande, ensuite il est passé en Angleterre. La comtesse s'est rendue à Paris. Elle est restée quelque temps chez madame de Tollières, cousine germaine de son mari. De là, elle a gagné Calais, Douvres et enfin Londres. Il a été décidé que Geoffroy ferait comme sa mère. Il loge chez sa tante Marie-Christine, la plus jeune des sœurs de sa mère.

Il passe la soirée avec Antoine. Ils boivent du vin. Antoine est le seul de ses amis à savoir qu'il ne reviendra pas. La veille sa tante lui a demandé de l'accompagner chez Mathilde — la mère de Mathilde l'avait invitée à passer l'après-midi avec elle. Il a revu Mathilde. Elle avait envie de baiser. Il l'a repoussée. Il n'aurait jamais imaginé le faire un jour. Il ne reverra pas Mathilde. Antoine lui demande si tout est prêt. Tout est prêt. *Et tout est fini.* Il est allé se renseigner sur l'heure de départ du carrosse public pour Paris. Au retour il est allé au château. Il connaît mille façons d'y entrer sans se faire repérer par les archers qui montent la garde. Il est resté une heure dans ses appartements. Il a pleuré un peu. Pas grave, personne ne l'a vu. *Il a quitté son château pour toujours.*

La vibration du carrosse et le bruit monotone des roues l'empêchent de réfléchir. Le carrosse longe le mur du parc du château de Barvillers. On aperçoit un bout de toiture au loin. Il est tôt. Marie-Henriette dort. Geoffroy est certain qu'il ne la reverra pas. Elle croit qu'il reviendra. « À ton retour alors. » Ce sont les derniers mots qu'elle a prononcés. Il n'y aura pas de retour.

Il a dix-huit ans.

Paul, quarante-cinq ans, trempe dans tout ce qui se fait de sale à Paris. Il fait également des affaires légales. Geoffroy a fait sa connaissance le jour où il s'est renseigné sur l'heure de départ du carrosse. Après avoir réglé les détails du voyage, il est entré dans un cabaret avec Paul. Paul lui a dit qu'il faisait du commerce et séjournait régulièrement à Paris. Ils voyageraient le même jour. Pour la première fois de sa vie Geoffroy parlait dans un cabaret avec un inconnu, roturier, et pas de son âge. Ils ont parlé une demi-heure environ. En se quittant Paul lui a souhaité bonne chance. Ça a sonné bizarrement à son oreille. Il avait caché son identité. Il avait mis les habits de bourgeois que sa tante Marie-Christine avait fait faire pour lui. Et il n'avait rien dit qui aurait pu le trahir. Il aperçoit Paul. Ils voyageront bien ensemble. Paul parle avec quelques hommes. Geoffroy le salue de la tête. Paul ne lui rend pas son salut. Geoffroy ne le prend pas mal, chacun fait comme il l'entend. Il y a deux carrosses. Paul monte dans l'autre carrosse.

Geoffroy n'a jamais pris le carrosse public. Ils sont assis sur de la paille. Tout est sale. Il fait froid. Son voisin n'a pas répondu à son salut. Ils sont tous roturiers. Personne ne parle. Il les observe. Il passera pas mal de temps avec eux dans un si petit espace. Il se sent déjà loin. Lorsque ses parents sont partis un an plus tôt, il a réalisé que ne plus les voir ne l'affectait pas du tout. Il trouve que sa mère est incapable d'aimer. Son père est un homme courageux, et un homme de parole, mais il est débile. Il se dit parfois qu'il pourrait ne pas aller à Londres. Paris est une grande ville. Il pourrait trouver un travail, gagner un peu d'argent et partir en Amérique, commencer une nouvelle vie loin de ses parents. Puis le projet lui paraît irréalisable. Il ne sait rien faire, il n'est pas « de la race des gens qui travaillent ». En plus il doit faire ça en cachette. Autre possibilité. Il pourrait aller à Saint-Malo. Il pourrait travailler à bord d'un bateau — un bateau marchand, de ceux qui vont en Amérique. Il ne connait pas la mer. Il ne connaît personne à Saint-

Malo. Irréalisable. Donc il doit aller à Paris, il doit obéir à sa cousine, et il doit attendre qu'elle prépare sa traversée. Il n'aime pas.

Les cochers les déposent à l'extrémité nord de la rue d'Enfer. Pendant tout le trajet il n'a parlé avec personne. À chaque hôtellerie Paul s'attablait avec des hommes de son carrosse. Voyage pourri. Il est content d'avoir quitté le sale habitacle. Sa cousine est en vacances. Elle est dans sa terre, pas loin d'Étampes. Il l'a appris peu avant le départ ; il n'y a accordé aucune importance. Il s'aperçoit que le départ en vacances de sa cousine complique son voyage. Il est tôt, il fait jour à peine. Les archers de la compagnie du guet arrivent. Ils contrôlent les passeports et fouillent les bagages. Geoffroy n'a jamais été contrôlé. Il s'étonne mais ne panique pas. *Il a de bons passeports.* Ses vingt louis d'or sont enveloppés et cousus dans les plis de sa rhingrave. Il a dix pistoles dans sa petite bourse. Si on lui demande de déclarer l'argent qu'il possède, il déclarera dix pistoles. Il sent une main sur son épaule et il entend dans son dialecte que les archers ne peuvent pas comprendre : « Salut toi, t'as aimé le voyage ? » C'est Paul. L'un des archers lui fait signe de s'écarter. Il veut protester. Paul l'empêche de parler. Il lui parle dans leur dialecte. Il lui parle tranquillement, pour que l'archer ne se doute de rien. « Ferme-la, écarte-toi, fais comme il t'a dit, ne dis rien. » Geoffroy obéit. L'archer inspecte ses papiers, lui pose calmement quelques questions, lui rend ses papiers et s'en va. Les archers partent. Paul lui dit : « Lorsqu'on est contrôlé par la police, il faut baisser la tête. Il faut écouter. Il ne faut rien dire. Peu importe qui a raison ou qui a tort. » Il lui demande où il va, dans quel quartier. Geoffroy lui répond que le valet de sa cousine doit l'attendre dans le quartier du Marais. Ils ont rendez-vous dans un cabaret. Ils mangeront quelque chose de cuit et ils sortiront ensuite de la ville. Il ne lui dit pas que sa cousine a un hôtel dans le Marais. Il ne lui dit pas non plus qu'il reviendra à Paris. Paul se propose de l'aider. Il engage un cocher.

Aucun homme n'est venu. Paul lui a promis de faire quelque chose pour lui. Il a accepté. Il avait le choix entre accepter l'aide de Paul et aller à l'hôtel de sa cousine sachant qu'elle n'y était pas. Ils sont allés au faubourg Saint-Antoine. Paul a vu des amis et a appris que d'autres amis partiraient le soir même pour Étampes. Voyager la nuit avec des inconnus pourrait être dangereux. Il n'a pas encore accepté.

Paul habite rue de Cléry. Arrivés dans le quartier, ils entrent dans un cabaret. Il y a un brouhaha extraordinaire. Le cabaret est plein à craquer. C'est un lieu sombre. Il y a de lourds rideaux aux fenêtres. Les rideaux sont sales. L'endroit est sale. Les gens sont sales. On dirait un repaire de hors-la-loi. Paul part saluer un groupe d'hommes attablés au fond de la salle. Il revient. « Des Français, des Espagnols et des Hollandais. Les hommes que je viens de voir n'aiment pas la guerre qui se prépare. Ils n'aiment pas se battre. Ils préfèrent manger et boire ensemble, et faire des affaires. Ce ne sont pas des imbéciles. » Paul lui demande de l'attendre et part voir le proprio. Geoffroy regarde les broches surchargées de viandes que la plupart des hors-la-loi dévorent sans se donner le temps de respirer. Tout le monde est ivre. Paul revient. Il est en train de mâcher un morceau de viande. « Il n'y a pas de place, mais le cabaretier va installer une petite table pour nous. Ici on mange comme des rois et à petit prix. Et le vin est excellent. »

Paul mange très vite. Et il parle. Il parle de ses débuts à Paris. Il lui raconte comment il a commencé à faire du commerce et à gagner de l'argent. Il ne lui parle pas de ses autres affaires, les vraies affaires. Il lui donne un conseil entre deux bouchées : s'il se comporte correctement, il trouvera lui aussi sa place à Paris — sous-entendu Geoffroy est venu s'installer à Paris. Se comporter correctement ne veut pas dire baisser sa garde. À Paris si on baisse sa garde on se fait manger. Il lui raconte comment un homme de leur pays monté à Paris pour une affaire s'est fait plumer. L'homme lui avait dit qu'il voulait baiser. Paul lui avait conseillé de faire attention. Il avait trouvé une putain et il avait mangé dans le cabaret où ils sont avec elle et l'entremetteur. Le cabaretier loue des chambres à l'étage. Il allait monter avec la fille après le dîner. Pendant qu'il discutait avec elle, l'entremetteur s'était occupé de sa bourse. Il était parti ensuite prétextant une affaire pressante. Peu après la fille lui avait dit qu'elle devait le quitter un court instant, elle lui avait suggéré de vite finir son verre parce qu'ils allaient monter dans la chambre dès son retour. En attendant la fille il s'était aperçu qu'il n'avait plus sa bourse. Paul conclut : « Il ne m'a pas écouté. Il faut écouter les hommes qui ont de l'expérience. Les gens à Paris passent leur temps à chercher des pigeons. » Il lui raconte comment à ses débuts son associé lui a volé beaucoup d'argent. Il sourit : « Mais je lui baise sa femme depuis des années, les comptes sont équilibrés. » Il ne sourit plus. Il lève le doigt : « Il fait semblant de ne pas savoir que je lui baise sa femme, mais il le sait. » Il se tait un instant et : « Quoi qu'il dise le mari, quand sa femme le trompe, il est le premier à s'en apercevoir. Il ne faut jamais l'oublier ! Un de mes amis couche depuis longtemps avec la femme d'un autre de mes amis qui fait semblant de ne rien voir. Je vais te dire comment ça marche. Les femmes mariées couchent avec d'autres hommes, toujours. Et le mari le sait, toujours. S'il a du cœur, il tue sa femme et le galant, sinon il fait semblant de ne rien voir. » Geoffroy a des doutes sur l'universalité de la théorie de son nouvel ami. Peu importe. C'est amusant. Il fait le meilleur repas depuis un an, au moins. Chez sa tante Marie-Christine, c'était un supplice pour lui de manger à la même table que monsieur de Monclet, le mari. Il ne pouvait pas le voir. Paul est sympathique. Ce n'est pas tout. Geoffroy admire sa liberté. Il fait ce qu'il veut, quand il veut. Il a décidé de l'aider et il est en train de passer toute sa journée avec lui. Il veut être comme lui. Il ne veut pas être comme son père, avec une famille, des amis de famille, des obligations en tout genre, des apparences à préserver. Son père, même quand il était un homme riche, était un prisonnier.

Ils traversent la rue, ils entrent dans un immeuble, ils montent un escalier étroit et sombre. Paul ouvre la porte. Au bout d'un corridor, un petit salon. Les rideaux sont à moitié fermés. Geoffroy regarde autour. Tout est en ordre, l'endroit ne semble pas habité. Il est temps de redescendre sur terre. Il est dans l'appartement d'un inconnu à Paris, alors qu'il doit être avec les hommes de sa cousine en train de rouler vers le sud. Personne de son entourage ne sait où il est ni avec qui il est. Paul peut le tuer, personne ne pourra jamais apprendre ce qu'il lui est arrivé. Si son but était de le mettre en confiance pour l'attirer dans son appartement, il a réussi son affaire. Il lui prendra son argent et il le tuera. Geoffroy grince des dents. Les vingt louis d'or sont bien cachés. Il décide de lui remettre les dix pistoles sans batailler. S'il se montre docile, si tout se passe dans le calme, voyant qu'il a gagné dix pistoles rapidement et sans bruit, Paul le laissera peut-être partir. Il le retrouvera plus tard, il récupérera ses dix pistoles et il l'égorgera.

« Combien d'argent as-tu sur toi ?
— Dix pistoles. Est-ce que tu veux les voir ?
— Non. Qu'est-ce que cela m'importe de les voir ? Je te le demande parce que les amis avec qui tu voyageras cette nuit ne sont pas de ceux qui rendent la monnaie, alors tu dois avoir le compte exact. On va casser deux pistoles. Le voyage coûte beaucoup moins. Il te restera de la petite monnaie. »

Il se traite de trouillard.

Ils ont deux heures devant eux. Paul lui dit qu'il a sa correspondance à finir. Il pose une pile de courrier sur un petit bureau et se met au travail. Geoffroy le regarde. *Tant de générosité de sa part.* Il a payé le repas, les déplacements. Il lui permet d'attendre la tombée de la nuit chez lui. Il voyagera la nuit avec des inconnus. Une folie. « Ils sont huit, bien armés et courageux. » Paul pensait certainement le rassurer en lui disant ça. Il imagine qu'ils peuvent être eux-mêmes des brigands. Il voyagera la nuit avec des brigands. Il peut refuser. Il peut aller à l'hôtel de sa cousine. Si on ne lui ouvre pas ou si on ne le croit pas, il peut passer par-dessus le mur, traverser le jardin et entrer à l'intérieur par l'une des portes réservées aux domestiques. Au pire, il peut aller ailleurs, il peut louer une chambre pour une nuit ou deux. Il décidera ensuite de la marche à suivre. Il ne le fera pas, il voyagera avec les amis de Paul. Entre sa cousine qui n'a pas tenu parole et Paul, le choix est fait. Il pense à sa cousine. Elle n'a pas envoyé de carrosse pour le chercher. Elle l'a mis en danger. Tante Marie-Christine lui avait laissé entendre que sa mère avait été accueillie bien à Paris, mais sans plus. Il n'avait aucune raison de penser qu'il serait accueilli mieux que sa mère, et pourtant il n'avait pas douté que l'accueil serait exceptionnel. La réalité est différente, sa cousine ne l'accueille pas du tout. Il se demande pour la première fois de sa vie pourquoi les gens doivent le traiter comme quelqu'un d'exceptionnel. La réponse lui vient vite, elle est courte : aucune raison. Premier jour à Paris, première découverte importante. Il est tellement content de sa découverte qu'il s'en applaudirait. Il se dit qu'il n'a pas à en vouloir à sa cousine. Il ne la connaît presque pas. Cinq ans plus tôt elle a passé deux semaines chez eux. Il ne l'avait jamais vue avant, il ne l'a pas revue depuis. C'est une vieille personne petite et grosse. Il ne se souvient de rien d'autre. Il ne la connaît pas, elle ne le connaît pas. Il est de passage à Paris. Il pense avoir un aperçu clair de sa situation. Il s'étire. Il est content, vraiment. Il remplit encore sa pipe. La première bouffée, à pleins poumons... Il garde la fumée dans les poumons pendant un bon moment.

Il se lève et marche dans le salon. Sur un meuble il y a une boîte remplie de dessins. Les dessins sont de petit format. Des femmes nues. Au dos de chaque dessin il y a un nom, un prix, et parfois d'autres informations. Paul lui explique que ce sont des putains qu'il fait venir chez lui. Ils font ce qu'ils ont à faire puis elles posent pour lui. Son regard s'arrête un court instant. La fille est sublime. Elle est brune. Elle a les cheveux bouclés. Elle est assise par terre, le dos contre le mur, les jambes repliées, les genoux contre la poitrine. Les bras entourent les genoux. Elle est un peu en biais. On voit un bout de sein qui touche la cuisse et plus bas on voit clairement son sexe. *Cela a été dessiné avec passion.* Il a un début d'érection. Il demande à Paul s'il peut garder le dessin. Paul fait *oui* de la tête.

Ils sont allés place Dauphine. Paul a cassé deux pistoles. Ils tuent le temps. Paul lui dit qu'il y a de vrais magiciens parmi les agents de change. Ils comptent deux fois la même pièce, ou alors, après comptage, ils changent au dernier moment les pièces, ils remettent au pigeon des fausses pièces, etc. Ils marchent jusqu'au nord des Halles. Paul lui montre les putes qui circulent en grand nombre dans les petites rues sombres autour. Certaines sont masquées. Ils regardent, rien d'autre.

Le cocher les emmène au faubourg Saint-Antoine. Ils retrouvent les compagnons de voyage de Geoffroy. Paul sort une feuille de papier. Il note : « P. Dauphine. » Il déchire ensuite la feuille en deux. La hampe et une partie du corps des lettres restent sur une moitié, la jambe et l'autre partie du corps restent sur l'autre. Paul garde l'un des deux morceaux, il donne l'autre à Geoffroy. « Arrivés au lieu-dit, tu entreras *chez ta cousine* et tu regarderas si tout va comme tu veux. L'un des hommes t'attendra dehors. Tu lui remettras la moitié de la feuille que je viens de te donner. Quand je réunirai les deux moitiés, je comprendrai que tout s'est bien passé. Il ne faut pas oublier hé ! Bon voyage ! »

Madame de Tollières le fait demander. Elle lui dit qu'elle est « fort importante » et qu'elle connaît des gens importants à Paris. Ils prépareront sa traversée. L'affaire prendra un mois, peut-être deux. Il n'a qu'à se considérer en vacances. Elle parle platement, son regard est droit. La veille il se posait des questions. Plus de questions, tous les doutes balayés. Il n'a qu'à « se considérer en vacances ». Il est ému. Il dit : « Merci pour tout. » C'est fait. Peut-être que sa vieille cousine n'est pas une personne très importante, peut-être qu'elle exagère un peu. Elle a le droit de se vanter. Tous le font. Elle s'occupera de son affaire, elle le fera passer à Londres. C'est le plus important. Il fera la fête en attendant que tout soit prêt à Calais. Arrivé à Londres, il préparera en cachette son départ pour l'Amérique.

À la campagne tout était comme chez lui. L'hôtel à Paris est un bijou. Déjà le quartier ne ressemble pas du tout à celui de Paul. Les rues sont propres, les carrosses sont beaux, les livrées des domestiques sont brillantes. Tout se fait dans le calme.

À coté de la porte vitrée il y a une console en bois sculpté et doré sommée d'un plateau de marbre, et un grand miroir à bordures de glace et orné de glace taillée. Il se regarde dans la glace. Il a l'impression d'avoir changé. Il ne reconnaît pas sa tête. Il entre dans le salon. Beau parquet. Beaux meubles. Beaux marbres. Il aime bien le noir avec des veines jaunes. Tableaux, grands miroirs. Il y a une harmonie et un faste froid qu'il n'a vus nulle part chez lui. À gauche il y a une rangée de fenêtres. Il y a un balconnet au milieu. Le jardin est magnifique. Il remplit sa pipe. Il avait imaginé travailler à Paris, ou aller à Saint-Malo monter en cachette à bord d'un bateau, ou se faire engager comme matelot ou même mousse. *Bien sûr.* On vient lui dire que sa chambre est prête.

Il tombe amoureux de sa chambre au premier coup d'œil. Tout est beau. Couleurs chaudes et lumineuses. La chambre est côté jardin. Il y a également un balconnet. Il regarde le jardinier nettoyer les allées. Il prend une chaise. Le soleil est brillant. C'est une journée agréable. Il plonge petit à petit dans une rêverie douce.

L'une des suivantes de sa cousine s'occupe de lui. Elle lui apporte son chocolat au lit, elle lui fait le lit, elle ramasse son linge sale, elle lui remet le linge propre et bien plié, elle achète son tabac chez l'apothicaire. Elle fait des tas d'autres choses. Brunette de trente ans. Elle lui plaît physiquement. Elle fume. Ils fument ensemble parfois, ils parlent. Elle s'appelle Jeanne-Geneviève. Elle sait lire et écrire. Il l'aime bien et la traite bien. Elle le regarde parfois pendant de longues secondes. Son regard n'est pas neutre. Rien d'érotique, il y a de la curiosité. Son regard parfois dit qu'ils sont deux étrangers ; et ils ont ceci de commun qu'ils sont de passage.

Les premiers jours il n'est pas sorti de l'hôtel. Il restait dans sa chambre toute la journée. Il admirait le jardin. Il fumait tranquillement. Il affinait ses plans. Le soir il allait dans le salon, il y passait une heure ou deux. Les jours suivants il a commencé à s'aventurer dehors, mais sans trop s'éloigner. Sortant de l'hôtel il tournait à gauche, descendait la rue Vieille-du-Temple, rejoignait la rue Saint-Antoine. Il traînait un peu dans le coin et rentrait. Les jours où il décidait de s'attarder un peu plus, il traversait la rue Saint-Antoine et descendait jusqu'à la rivière. Il regardait les ouvriers travailler. Il remontait ensuite la rue du Petit-Musc et allait place Royale.

Tante Marie-Christine avait commencé par lui dire que leur cousine à Paris avait des « comportements extravagants ». En moins de deux minutes, malgré le style élégant de sa tante, Geoffroy avait compris que leur cousine couchait avec son maître d'hôtel, et que cela faisait « grand bruit dans la famille ». Il n'avait rien dit à tante Marie-Christine, mais il ne pensait pas que c'était grave. « La vieille veuve » avait le droit d'occuper son temps libre comme elle l'entendait. Il ne comprenait pas que dans sa famille l'on pût dépenser son énergie à haïr un maître d'hôtel. Il a changé d'avis dès qu'il a vu pour la première fois Touchet. Il a ressenti une vive antipathie envers lui dès le premier regard. C'était violent. Il a failli vomir. Il ne l'a pas salué, il a détourné le regard. Sa cousine racontait à Touchet ce qui s'était passé à l'hôtel pendant son absence. Touchet venait de rentrer. Il avait été en Picardie. Il racontait son voyage. *Le maître d'hôtel avait sa place dans le salon.* Le maître d'hôtel parlait, sa cousine parlait. Il ne parlait pas. La première émotion passée, il se disait que le maître d'hôtel était trop sûr lui. Il avait le sourire de l'escroc qui a réussi son coup.

Marie-Henriette est une fille intelligente. Physiquement elle apparaît comme une fille soignée et élégante. Elle est grande, aussi grande que lui. Elle a une toute petite bouche aux lèvres roses. Jusqu'ici tout va bien. Elle n'a pas de sourcils, et le nez est trop grand pour son visage, et ses cheveux sont comme de la paille.

Il aime lire les lettres que lui écrit Anne-Charlotte. Jamais il ne lui répond, il ne veut pas qu'elle se fasse des idées. Mais ses lettres sont belles, il veut qu'elle continue à lui écrire. Il est coincé. Anne-Charlotte est grande comme Marie-Henriette. Anne-Charlotte est trop maigre, on dirait un sac d'os. Un coup de vent et elle s'envole comme une feuille de papier. Elle n'a pas de seins ni rien.

Marie-Catherine dessine bien. Marie-Catherine peut continuer à admirer son visage, et ses muscles. Il posera pour elle tous les jours si elle veut. Elle veut autre chose. Marie-Catherine a le menton trop reculé, elle a une bouche énorme et des dents affreuses.

Les domestiques se sont affairés toute la journée comme des forçats. Tout est prêt. Les carrosses commencent à défiler devant la porte cochère. Le parfum des femmes envahit l'hôtel. Madame de Tollières donne une fête, la première depuis que Geoffroy est chez elle.

Le marquis de Tollières avait acheté une garnison. Bon investissement, mais un peu risqué. Le marquis s'est fait tuer en 1660. Il n'a pas laissé d'héritier mâle, il a laissé deux filles. Il les avait mariées « dans de bonnes conditions ». À la mort de son mari, madame de Tollières s'est retrouvée à gérer seule les affaires. On croit que les femmes ne sont pas capables de gérer un patrimoine. Madame de Tollières est une bonne gestionnaire.

Madame de Tollières a le ventre d'une femme enceinte de six mois et elle est aussi petite qu'une fillette de douze ans. Quand elle se déplace on dirait un gros sac rempli de viande qui bouge tout seul. Son visage est rond. Ses joues sont rondes. Ses yeux sont ronds. Son nez est large et avec d'immenses trous ronds. Son mari disait souvent : « Regardez donc ma femme ! Sa seule beauté est sa dot. » Elle a honte de son physique. Elle s'imagine que si elle n'avait pas d'argent les gens éviteraient de la fréquenter. Ce n'est pas tout. Avant la mort de son mari, elle se jugeait stupide, vraiment, inepte, et capable de rien. À la mort de son mari, elle avait tellement peur d'échouer qu'elle s'est consacrée entièrement à la gestion de son patrimoine. Elle a réussi à augmenter considérablement sa surface financière. Elle a pris confiance. Les juristes et les banquiers ne l'impressionnent pas avec leur langage technique. La mort de son mari a été une bonne chose pour elle. Elle ne se connaissait pas jusqu'alors. Elle a un don. Une négociation entamée, elle est capable de sentir rapidement qui domine la situation. Elle comprend vite où est son intérêt. *Le plus fort mange le plus faible.* Il n'y a pas d'autre vérité. Elle se met volontiers au service du plus fort. Les domestiques ont peur d'elle. Elle leur donne la chair de poule. Elle n'est pas agressive, elle n'est pas méchante verbalement. Elle parle peu, et parle poliment, mais les décisions qu'elle prend, et qui concernent les gens qui dépendent d'elle, ont des effets violents. L'instant d'après elle a tout oublié, elle passe à l'affaire suivante.

Jean-Baptiste Touchet est entré au service de madame de Tollières en 1662. Elle cherchait un nouveau maître d'hôtel, l'une de ses amies lui a dit beaucoup de bien de lui, d'autres amies ont appuyé ses propos, elle l'a pris. Deux semaines plus tard elle a couché avec lui. Elle s'est aperçue qu'elle avait oublié ce que c'était une vie sexuelle. Elle accueille froidement tout commentaire sur sa relation avec son maître d'hôtel. Il faut dire que ça n'arrive pas souvent. Les gens ne sont plus tellement méchants avec elle depuis qu'elle est à la tête d'un patrimoine considérable. Beaucoup de gens disent être ses amis, mais elle pense qu'elle n'a pas vraiment d'amis. Les éloges sont intéressés. Elle se méfie. Touchet est d'accord avec elle. Touchet est un bon soldat. Et il n'est pas bête. C'est un bon manipulateur. Il est plus fort que la plupart des larrons qui opèrent à Paris. Madame de Tollières est admirative. Les autres domestiques l'apprécient également. Il est plus exigeant que madame de Tollières, mais il sait leur parler. L'ambiance est détendue.

Touchet a une femme et trois enfants en Picardie, situation qu'il ne cache à personne. Il dit être venu à Paris pour travailler. Chez madame de Tollières il a de l'argent et une vie de marquis en prime. En contrepartie il doit la baiser. Il y a des prix qui ne se refusent pas. Touchet est un homme grand et il a dix ans de moins qu'elle. Les gens autour d'eux estiment qu'il ne couche pas avec elle pour sa beauté. Touchet le sait avec certitude. Elle aussi. Leur histoire ayant commencé pourtant comme une histoire d'amour, il ne lui demande pas d'argent. *Quand il a besoin d'argent*, il lui demande de lui en prêter. Elle lui « prête ». Lorsqu'il s'agit de sommes importantes, elle lui fait signer des reconnaissances de dette. Les reconnaissances de dette sont un moyen de pression. Le jour où il voudra la quitter pour retourner chez sa femme en Picardie ils feront les comptes. Il ne lui rendra jamais rien s'il reste auprès d'elle.

Madame de Tollières fait des affaires, elle connaît du monde, mais elle ne connaît personne à Paris ni à Calais capable de faire passer des gens clandestinement en Angleterre. C'est Touchet qui connaît des contrebandiers et des policiers corrompus à Calais. La famille ne le sait pas. Touchet a gagné une belle somme d'argent un an plus tôt, lorsque la mère de Geoffroy est passée en Angleterre. Il a demandé le triple du prix payé habituellement par les autres fugitifs. Madame de Tollières n'a rien fait pour empêcher Touchet de voler son cousin, au contraire, elle l'a aidé.

Touchet vient de sortir du salon. Il est dégoûté. Depuis longtemps il est traité d'égal à égal par madame de Tollières, il a perdu l'habitude d'être méprisé. La mère de Geoffroy a été froide avec lui lors de son passage à Paris, mais polie. Geoffroy ne lui a même pas dit bonjour, il lui a tourné le dos. Madame de Tollières, qui comprend ce qui lui arrive, a un sourire moqueur aux lèvres. Ça n'arrange pas les choses. Touchet perd le contrôle. Il lui dit que le garçon paiera cher. S'il veut rejoindre ses parents il se mettra à genoux devant lui, il lui demandera pardon et le suppliera de l'aider. Sa façon de se comporter lui coûtera cher. Elle comprend. Elle n'a pas aimé non plus le comportement de Geoffroy. Lorsqu'on est ruiné, on baisse la tête. Geoffroy n'est pas prêt à affronter le monde. Il a besoin de leçons. Qu'est-ce qu'il a gagné ? Touchet jure de l'écraser. Elle, pour sa part, lui montrera qu'il est chez elle, et qu'il ne peut pas insulter Touchet chez elle. Elle prie Touchet de ne pas prendre au sérieux un garçon si jeune. Ça ne suffit pas pour le calmer. Il répète : « Il paiera cher. Je n'ai rien d'autre à dire. Il verra. »

Jeanne-Geneviève est venue le voir chargée de la part de sa cousine de lui dire qu'il est dangereux pour lui de participer à la fête. Il a bu deux verres de vin dans la cuisine et il est monté dans sa chambre. Il est triste, mais se dit que sa cousine a raison. Il est plus prudent de ne pas participer à la fête. Il ne faut pas oublier qu'il n'est qu'un candidat à l'exil. Il existe des candidats à l'exil plus malheureux que lui. Il n'est pas tellement convaincu. Il décide de s'endormir coûte que coûte.

Il ne voit plus sa cousine tous les jours. Quand ils se croisent dans un couloir, elle lui rend son salut rapidement. Il se dit que les premières politesses passées, il est devenu *monsieur personne*. Elle se comporte comme si elle se voit obligée de le garder temporairement à l'hôtel. Rien de grave. Il est de passage à Paris. Il est logé, nourri, blanchi, c'est le plus important. Il ne faut pas trop en demander à sa cousine. Il aurait fallu ne pas prendre la politesse pour autre chose. Il pense à sa mère. Sa mère, à supposer qu'elle soit capable d'avoir de la sympathie pour les gens, n'a pas pu être en bons termes avec madame de Tollières. Et comment est-ce que sa mère a pu supporter Touchet ? *Touchet, le maître des lieux.*

Jeanne-Geneviève lui a demandé de la suivre. Ils ont marché. Ils sont devant la boutique de l'apothicaire. Elle lui dit qu'elle ne peut plus lui acheter son tabac. Elle n'a pas besoin de lui préciser qu'elle a reçu l'ordre de sa cousine. Il voit qu'elle est réellement désolée. Il sent que les choses ne vont pas bien. Il part faire un tour.

Ils sont à table. Touchet dit que son homme à Calais s'est fait tuer ; il peut faire passer Geoffroy en Angleterre, mais il faut plus d'argent ; il faut écrire à son père à ce sujet... Geoffroy apprend que sa cousine, *la femme importante qui connaît des gens importants...*, lui a raconté une histoire fausse du début à la fin. Elle ne connaît personne, Touchet connaît des gens à Calais. Il croit qu'il va vomir dans son assiette. Il n'acceptera pas. Il ne veut pas être redevable envers « ce ver ».

Madame de Tollières sort tous les soirs, elle rentre tôt le matin. Geoffroy se lève en entendant le carrosse dans la cour. Il prépare une pipe, la première de la journée, sans avoir encore rien avalé. Il fume beaucoup. Tout le monde sait que « la vieille est la putain de Touchet ». Il se demande de temps en temps si on l'accepte comme invité l'escroc, pour faire plaisir à la vieille. Peut-être qu'il reste en bas avec les portiers. *Touchet, l'homme important dont son avenir dépend.*
L'escroc baise sa cousine. L'escroc le baise. L'escroc les baise tous. Il lui suffit de penser à Touchet pour aller mal toute la journée. Touchet a escroqué son père avec la complicité de sa cousine. Sa mère certainement ne le sait pas. Touchet a dû se dire que sa mère était bonne. Il a dû penser à sa mère de cette

façon. Et si sa mère a été obligée de baiser avec lui ? La nuit les choses vont loin parfois dans la tête de Geoffroy. La seule présence de Touchet dans la même pièce lui ondule les nerfs. Et son odeur. Son odeur s'est imprimée dans son cerveau.

Il ne dort plus beaucoup. Il va dans la cuisine en pleine nuit, il fume sa pipe et boit du chocolat. Il rôde dans le jardin.

Il a l'impression qu'on a fouillé ses affaires. Les bonnes ne l'auraient pas fait sans en avoir reçu l'ordre. Il voit « la vieille ». Il lui dit qu'elle n'a pas le droit de demander à ses gens de fouiller ses affaires. Il lui dit beaucoup d'autres choses. Il est en colère. Il est impoli. Il claque la porte.

Quand est-ce que quelqu'un a parlé « de cette façon » pour la dernière fois à madame de Tollières ? Elle n'a rien dit, elle s'est efforcée de paraître calme.

Il s'apprête à descendre. Il entend du bruit. Il monte pour voir. Il reconnaît la voix de la plus jeune des servantes de sa cousine. Elle supplie une autre personne d'arrêter. La petite commence à pleurer. L'oreille collée à la porte, il suppose que quelque laquais a perdu le contrôle. Il n'imagine pas que l'autre personne peut être Jeanne-Geneviève. Il ne pousse pas la porte, il part. *Ce ne sont pas ses affaires.*

Les portes claquent. Sa cousine est en colère, elle crie. C'est la première fois qu'il la voit dans cet état. Il apprend que Jeanne-Geneviève a été mise à la porte. Il est aussi surpris que les autres d'apprendre que Jeanne-Geneviève aime les filles. Mais la surprise passée, il trouve que la punition est disproportionnée. Elle a caressé l'autre servante, et alors ?! Sa cousine ne voit pas les choses de la même façon. Elle dit se sentir sale. « Celle-là » l'avait touchée tous les jours pendant la toilette. « Et le massage quotidien ! Encore elle. Elle m'a palpée pendant tout ce temps. » Il pense que sa cousine n'a pas tant à se plaindre. Il la trouve ridicule. Tous les jours elle se plaint de douleurs au derrière du cou, tout le long de la colonne vertébrale, dans les pieds,... elle se plaint d'engourdissement... Elle se plaint tout le temps. Elle était satisfaite du travail de Jeanne-Geneviève, jusqu'à la veille elle était *teeellement* satisfaite.

Jeanne-Geneviève, la seule personne à l'hôtel qui ne lui était pas hostile, vient de se faire virer. Il est triste.

Il apprend que son oncle Philippe est monté à Paris. Il va lui dire que ça se passe mal pour lui. Il va tout lui raconter, il va lui demander de l'aide. Il ne sort pas. Il l'attend.

Ils dînent. Philippe dit des saloperies sur son frère aîné. Touchet pose de temps à autre quelque question. Faussement sérieux, il demande à Philippe s'il peut appuyer son propos d'un exemple... Madame de Tollières aime le spectacle. Elle rougit de plaisir. Elle regarde tour à tour Philippe et Geoffroy. Geoffroy est tout au bout de la table. Il regarde du coin de l'œil Touchet.
La vieille et Touchet-le-détritus manipulent un crétin. Le crétin dit du mal de ses parents. Le détritus sourit en entendant Philippe-le-crétin-lécheur-de-bottes insulter sa mère. Le détritus s'amuse.

Antoine lui écrit que Marie a avalé du poison destiné aux rongeurs. Elle n'est pas morte, on a pu la sauver. Son père ruiné, leur bien saisi, les domestiques ont été placés chez divers amis. Marie lui a fait écrire. Elle le suppliait pour un rendez-vous. Il n'a pas répondu. *Certainement, elle n'a pas pu avaler du poison à cause de lui.* À vrai dire il n'est pas certain. Il est triste. Il cherche une excuse : il avait de gros problèmes à résoudre après la fuite de ses parents, il ne pouvait pas organiser un rendez-vous. Ça ne marche pas. Une boule commence à se former dans sa poitrine. On l'appelle pour manger. Impossible de manger. La boule est déjà trop grosse, rien ne passera. Il monte dans sa chambre. Il se sent tout bizarre, il croit qu'il va s'évanouir. Il s'assoit sur le lit. Il pleure. Petit, il se concentrait et il réussissait à arrêter de pleurer quand il voulait. Il n'essaye pas.

Sa cousine lui demande un massage. Elle lui montre comment faire. Il doit lui masser les pieds d'abord. Il prend le pot de pommade, il regarde les pieds qu'il va masser. Petits pieds déformés aux orteils tordus. Ils sont sales. Il pense qu'il va vomir. Il se concentre. Il décide de se répéter dans sa tête qu'il aime faire des massages. Il doit se le répéter jusqu'à la fin du massage.
Nausées et dégoût dans la bouche.
Envie continuelle de vomir.
Il ne vomit pas. La technique fonctionne.
Il se passe quelque chose de bizarre. Dès qu'il commence à lui masser les mollets, elle lui demande de

revenir en arrière, il doit continuer de lui masser les pieds.

Il a fini. Il se nettoie les mains. C'est une pommade faite avec de l'huile et du blanc de baleine. Il est persuadé qu'elle lui restera sur la peau toute la vie. Il se regarde dans la glace. *Nettoyeur de pieds.* Il en est arrivé là. Il se sent humilié.

Elle le fait appeler. Elle est allongée, divers pots de pommade sont sur une petite table à côté. Il se passe exactement la même chose que la veille. Elle lui demande de partir après lui avoir nettoyé les pieds. Il a vu juste la veille, elle ne lui demande pas un massage, elle lui demande de lui nettoyer les pieds avec de la pommade. Cette tâche n'importe quel domestique peut l'accomplir. Il faut lui faire croire qu'il ne se sent pas humilié, que, au contraire, il aime ce qu'elle lui fait faire. Elle y prendra moins de plaisir. Elle a les yeux fermés. Il ne part pas, il reste debout à côté du lit. Elle finira par trouver sa présence étrange, peut-être même qu'elle aura peur, elle ouvrira les yeux. Il attend. Elle ouvre les yeux. Il lui dit qu'il aime faire des massages, et qu'il apprendra à masser mieux que Jeanne-Geneviève.

Ses mains sont couvertes de pommade faite avec du blanc de baleine ; les cuisses de la vieille sont comme deux sacs de graisse liquide posés sur le matelas ; ses mains nagent dans la graisse ; la graisse s'étale sur le matelas. Les cuisses sont rouges et couvertes d'un grand nombre de boutons blancs ; la pression de ses mains fait éclater quelques uns de ces boutons ; le pus et la pommade se mêlent.

La vieille cuisinière est immonde. Elle est sèche, elle a le nez tordu, ses yeux regardent chacun de son côté. Elle a une tête de diable, elle fait peur. Il faut expliquer un peu. On pense qu'elle peut faire peur quand on la voit pour la première fois. Après, quand on apprend qu'elle est faible, absolument soumise, et déficiente mentale — son cerveau ne fonctionne pas, ou, plus exactement, il ne fonctionne pas mieux que celui d'un herbivore —, on ne regarde plus son visage de la même manière. Geoffroy, la première fois qu'il l'a vue, s'est dit qu'il ne fallait pas la croiser dans un couloir sombre, à moins d'avoir un cœur robuste. Depuis qu'il la connaît, il ne pense plus qu'elle pourrait l'effrayer, même dans un couloir sombre. Elle a des problèmes de motricité, elle casse beaucoup de vaisselle. Elle ne se fait pas virer parce qu'elle cuisine bien, elle est debout avant tout le monde, elle se couche après tout le monde, elle obéit sans dire mot. Elle attend que les maîtres — pour elle Touchet en fait partie — aient fini de manger pour manger les restes. Un soir, à la fin du repas, Touchet lui a lancé un morceau de viande, il l'a lancé par terre devant ses pieds. Elle l'a ramassé et elle a remercié Touchet. Geoffroy a beaucoup de pitié pour elle. Et il pense qu'elle ne comprend pas qu'ils la traitent de manière abjecte. Elle semble remercier Dieu chaque matin de lui avoir permis d'être au service de sa cousine. Sa cousine lui fait croire qu'elle l'aime bien. *Il n'y a pas d'humiliation*, ce qu'ils lui font subir *c'est pour s'amuser*. Depuis que sa cousine le traite comme un étranger, la cuisinière lui dit à peine bonjour. Il ne lui en veut pas, il le prend avec humour. Parfois elle va trop loin, elle ne lui donne pas à manger, par exemple, et ça n'est pas très amusant.

Sa cousine est partie à la campagne pour trois jours avec Touchet. Il n'y a rien à manger. La veille il a mangé des restes. Il demande à la cuisinière de lui préparer quelque chose. Elle ne lui répond pas. Ça le fait rire. Elle ne plaisante pas. Elle se met à marmonner des mots en patois. Il ne rit plus. Elle sort de la cuisine. Il la laisse prendre un peu d'avance et la suit en silence. Elle descend au sous-sol. Il l'enferme dans la cave.

Il l'a libérée huit heures plus tard. Elle a disparu de l'hôtel jusqu'au retour de madame de Tollières.

Madame de Tollières après un passage éclair dans sa chambre fait appeler tout le monde. Il y a un mini-procès. Le seul laquais présent à l'hôtel au moment des faits prétend ne s'être aperçu de rien. Touchet le traite d'ivrogne. Il lui donne plusieurs coups de bâton. Geoffroy regarde Touchet. *Si tu oses m'adresser la parole, rien d'autre, t'es mort.* Touchet perçoit l'agressivité. Il ne lui parle pas. Geoffroy n'échappe pas au procès cependant. Il se fait engueuler par sa cousine. *Elle a perdu sa capacité à rester calme.* Il fait semblant de l'écouter. Il a sa théorie. Quand les femmes sont en colère, il faut faire semblant d'écouter. À un moment ça s'arrête net et sec. Mais parfois c'est plus subtil. Il est donc impossible de savoir avec exactitude quand ça finit. C'est le point faible de sa théorie. Geoffroy a un temps de retard. Bon. Elle ne s'en va pas, elle le fixe. Il pense qu'il doit dire quelque chose pour sa défense. Il dit : « J'ai décidé de faire sortir la cuisinière de la cave alors que rien ne m'y obligeait. » Cet argument n'a pas d'autre effet que de plonger madame de Tollières dans une nouvelle crise de colère. Elle quitte la pièce en hurlant des insultes.

Il aurait pu ne pas enfermer la cuisinière dans la cave. Il a exagéré, il est allé loin, il le sent. Sa cousine fait comme si les choses se passent normalement, elle continue à lui dire qu'elle parle avec *ses contacts*, qu'elle attend des nouvelles de Calais, etc. Tous les deux savent qu'elle ne connaît personne. Quelquefois il la soupçonne de mentir par pur plaisir. Fini le temps de la colère, il ne tient pas compte de ce qu'elle dit, il sourit, il la remercie. Les choses ne se passent pas normalement. Les bonnes ne rangent sa chambre plus qu'une fois par semaine. Ses vêtements sont lavés avec plusieurs jours de retard. Les vêtements ne sont plus pliés mais déposés en vrac. Il pense que sa cousine a décidé que l'on doit le traiter mal. Tant pis pour elle.
Il passe des journées entières sans parler à personne. Il se lève tôt, il sort. Il fait le tour du quartier. Il se balade au bord de la rivière. Lorsqu'il rentre le soir, il va directement dans sa chambre. Pour la première fois de sa vie il est absolument seul. Il découvre l'inutilité des gens. Il trouve superbe cette façon d'exister.

Il est dans son lit. Il n'a pas envie de se lever. Il n'a pas envie de quitter sa chambre.

Il ne sort plus de l'hôtel sinon pour acheter du tabac. Et il ne quitte sa chambre que quand il est obligé. Dans la cuisine il ne communique pas avec les bonnes, il se sert et s'en va.

Sa cousine le fait demander. Elle lui dit que si elle était un homme, et jeune comme lui, elle ne resterait pas toute la journée dans sa chambre, elle sortirait. Il lui dit qu'il n'est pas désoccupé. Il étudie l'anatomie. Elle fait une mimique étonnée et inquiète. Il sait qu'elle est presque analphabète. Elle doit avoir une bible dans sa chambre, mais il n'y a pas de bibliothèque chez elle. Il n'y a aucun livre. Et il y a en face d'elle un garçon qui lui dit rester enfermé dans sa chambre pour... lire des livres.

Dès qu'il fait beau la voisine s'installe dans son jardin. Elle écrit, elle fume et elle boit. Il la regarde pendant des heures. Il lui invente une vie amoureuse. Elle ignore son existence.

Il ne sait plus où il en est. Il ne se sent plus capable de rien. Il se sent fatigué. Il rentre chez lui et il redémarre sa vie. La fuite de son père peut compliquer un peu les choses, mais le roi dit que les fautes sont personnelles. Si le père de Marie-Henriette est d'accord, le mariage est possible. Le père de Marie-Henriette l'aime bien, donc il pourrait être d'accord. Il se marie avec Marie-Henriette. Ils mènent une existence paisible. Fin de l'histoire.

Paris sera vu comme le théâtre d'un échec monumental. L'échec. Sa mère serait contente de l'apprendre.

D'habitude, comme quelqu'un qui voit sa prévision se réaliser, elle dit : « J'avais vu juste, il ne réussirait pas. » Geoffroy finira par croire que parfois il échoue dans ce qu'il entreprend uniquement pour faire plaisir à sa mère.

Il est allé rue de Cléry. Paul n'était pas chez lui. Il y est retourné les jours suivants. Il a surveillé pendant une semaine environ les entrées et sorties des habitants de l'immeuble. Aucune trace de Paul.

Il entre dans le cabaret où ils ont déjeuné. Le proprio s'affaire derrière son comptoir. Il lui demande des renseignements, le proprio lui dit ne pas connaître Paul. Il sait que les deux hommes se connaissent, ils ont discuté longuement l'autre fois. Il l'appelle à nouveau. Le proprio se retourne et lui colle le canon du pistolet au milieu du front.

Il cherchera du travail. Il cherchera « avec méthode ». Il a acheté une carte de Paris. Le vendeur croit certainement l'avoir pigeonné. Il sait que ce n'est qu'une copie grossière d'une carte. Il n'avait pas envie de débattre avec un morveux. La copie suffira pour commencer.

Il explore le Marais. Il ne l'a jamais vraiment fait « avec méthode ». Il ne découvre rien de nouveau. Le Marais est un quartier propre et calme, et comme endormi jour et nuit. Il passe plus à l'ouest. Il découvre les Halles. Quel bruit, quelle saleté, quelle puanteur, mais Dieu ! quelle énergie ! Les gens négocient, achètent, vendent. Les gens crient pour se faire entendre. Les gens se disputent. Les gens marchent dans la boue. Il y a beaucoup de boue. Les robes des femmes sont couvertes de boue. Les femmes ont les cheveux sur le visage. Les cheveux sont sales. Les femmes sont édentées. Les hommes sont édentés. Les hommes ont le visage couvert de poils longs et sales. Les hommes sont puants. Les hommes ont de la boue jusqu'aux genoux. Hommes et femmes semblent emmagasiner toutes les maladies de la terre.

Un homme lui vend du tabac. L'homme part en courant.

Il a traîné pendant une semaine dans le quartier des Halles. Il est monté ensuite plus au nord. Entre les Halles et la porte Saint-Denis il ne fallait pas trop s'aventurer. Il a vu plus d'une fois des gens se faire agresser par des bandes de hubins. La zone autour de la porte Saint-Denis n'était pas tellement mieux fréquentée. Même chose au sud des Halles. Sur le Pont-Neuf il a assisté à des vols avec violence en plein jour.

Il note ses découvertes sur la carte. Il définit comme point de départ le prieuré Saint-Martin-des-Champs, à l'extrémité nord de la rue Saint-Martin, et comme point d'arrivée le pont Notre-Dame. Il trace une ligne.

Il trace une deuxième ligne reliant la rue Poissonnière, tout près de la porte Saint-Denis, au nord, au Pont-Neuf au sud. Entre ces deux lignes, il obtient une zone en forme de rectangle ayant pour largeur la distance entre les deux ponts — le pont Notre-Dame et le Pont-Neuf — et pour longueur la distance entre la Seine et la porte Saint-Denis. Il la nomme *Zone des bourgeois et des gens de néant*. Il est impossible d'imaginer un homme seul et désarmé s'aventurer dans la Zone le soir. À l'ouest de la Zone, le quartier du Louvre. Quartier encore plus calme et plus sécurisé que le Marais.

Trois blocs : Marais – Zone – Louvre.

Son couteau petit et fin ne suffit plus. Il achète un bon couteau, épais et long. Il est moins commode à porter, mais il faut s'y faire.

Il n'a aucune qualification, aucun artisan ne voudra l'engager. Il ne peut pas non plus être domestique... Il peut travailler pour le compte de quelque marchand. Il n'y a pas grand choix. Et sa cousine ne doit pas l'apprendre. Il ne peut pas travailler dans le quartier des Halles. Les domestiques de sa cousine le découvriraient rapidement. Il doit trouver loin du Marais un lieu ressemblant aux Halles.

Rive gauche. Il flâne un peu autour des Augustins. Il prend la rue Dauphine et en prolongement la rue des Fossés, puis la rue de Condé. Il arrive devant l'entrée principale du palais du Luxembourg — marqué *palais d'Orléans* sur sa vieille carte. Il ne peut pas aller plus loin.

Il a continué pendant plusieurs jours à explorer la rive gauche. Il est allé plusieurs fois rue d'Enfer. *Ce lointain premier jour à Paris, le carrosse public, la rue d'Enfer... Il se revoit debout dans le froid perdu au milieu de nulle part.*

Sur sa carte il trace une ligne entre le Pont-Neuf et le palais du Luxembourg. Il note ses impressions.

Extrait des *Commentaires*

À l'est de la ligne, il n'y a que des églises, des couvents et des écoles. La rue des Bernardins est sale. Le quartier de la place Maubert est sale [...] Le reste de cette partie de la ville est propre et calme. [...]
À l'ouest de la ligne, les choses s'inversent. Le quartier à proximité de la rivière est propre et il y a de beaux hôtels [...] Plus au sud, autour de Saint-Sulpice, et en allant vers le faubourg Saint-Germain, la ville devient bourgeoise et bruyante. [...]
Près du Luxembourg il y a une foire. On peut y acheter de toutes petites plumes, comme on peut y acheter un carrosse. [...]

Il va à la foire. Il tourne autour des carrosses à vendre. Il y a des vieux d'occasion, des neufs, des simples, des petits, des grands, des luxueux, des couverts, d'autres qui ne le sont pas... Quelques jours auparavant il a fait un tour au marché aux chevaux. Les beaux chevaux! Il a vu un barbe blanc magnifique. Il avait sept ans, il valait quatre-cents livres. Il s'arrête devant un grand carrosse en bois sculpté rehaussé de dorure et aux portières vitrées qui ressemble beaucoup à l'un des carrosses de son père. Quatre glaces, velours brodé de soie, gros rideaux, matelas... Geoffroy est mélancolique. *Il ne faut pas.* Le vendeur lui dit qu'il vaut cinq-mille livres. Il ajoute aussitôt qu'il peut lui trouver un autre, plus petit, et dix fois moins cher. Un de ses amis lui a dit vouloir vendre le sien. C'est un petit carrosse simple, mais en très bon état, cuir noir, garni velours... Les vendeurs parlent sans arrêt, ils sont nés pour ça. Il continue de lui décrire le carrosse de son ami. Geoffroy ne l'écoute pas vraiment, mais il sent que le gars est un bon vendeur. Il se dit que s'il veut travailler dans le commerce, il devra apprendre à parler comme lui.

Il aime bien le quartier Saint-Sulpice. Et, chose importante, le quartier se situe au sud de la ville, loin du Marais. Il peut travailler pour quelque marchand.

Le jour s'en va petit à petit. Dans le quartier des Halles les marchands vident les étals et chargent les caissons. Ils font vite pour ne pas se faire rattraper par la nuit. Des gens d'une autre espèce commenceront à s'y installer. Entre les deux mouvements, pendant une heure environ, les rues de la partie centrale de la Zone sont vides. Geoffroy a choisi ce moment pour y pénétrer. Il le fait souvent. Un silence étrange s'installe, un silence habité qui excite les sens. Derrière les rideaux il y a des gens certainement. Il se sent surveillé.

Il est obligé d'attendre. Il quitte les petites rues sinueuses et sombres. Il descend la rue Saint-Denis. Il revient en arrière. Il remonte la rue des Arcis. Il poursuit vers l'ouest. Rue Quincampoix. Ça commence à s'agiter. Il voit quelques putains, et des gars qui ressemblent à des entremetteurs, et des clients de putains. Il aborde une fille, il lui montre le dessin, elle ne connaît pas la fille du dessin. Il aborde une autre fille, puis une autre, encore une autre... Il parle avec des types louches. Il tourne autour du bloc d'immeubles.

Il entre dans un cabaret. Il prend un verre. Un homme lui a dit savoir où se trouve la fille. L'homme lui a dit de l'attendre dans le cabaret. Il sourit. Il a eu droit à : « T'as pas une tête à traîner ici. » Ou : « T'mêle pas de c'qui t'regarde pas. » On lui a dit aussi des mots gentils mais hors de propos comme : « Viens beau garçon, tu ne paieras rien. » Il se dit qu'il aime bien ces gens, qu'il aime les gens qui n'ont rien à perdre. L'homme s'assoit. Il lui dit que la fille est dans une maison « à l'extérieur du mur ». Il ne faut pas y aller la nuit. Geoffroy lui promet un louis d'or. L'homme le regarde, incrédule. Un laquais travaille trois mois pour gagner une telle somme. Geoffroy lui promet qu'il aura son louis s'il trouve la fille.

La maison est une sorte d'hôpital secret. L'on y soigne des brigands, des fuyards pour dettes, des putains... des gens qui, recherchés par la police ou par d'autres gens, ne peuvent pas se faire soigner comme tout le monde. L'homme parle avec un médecin. Le médecin consulte un registre. Il explique à Geoffroy que la personne qu'il cherche a attrapé la syphilis et elle est traitée chez eux. Le résultat est satisfaisant quant à la syphilis, mais elle supporte mal le traitement. Il lui dit qu'elle ne va pas bien. Ils montent. Le médecin lui explique en marchant. On utilise le mercure. Les hôpitaux publics utilisent la méthode des frictions à chaud. Chez eux la syphilis est traitée par fumigations mercurielles. La méthode consiste à enfermer le malade dans une sorte de grand four étroit où est placé un réchaud rempli de charbons ardents et sur lequel le soignant verse du cinabre mêlé à des matières grasses. On le sort de là quand il commence à suer beaucoup. On obtient les premiers résultats au bout de quelques jours de traitement. Il faut compter un mois voire plus si on utilise la méthode des frictions à chaud, et on n'est pas certain d'obtenir de bons résultats. « Chez nous c'est plus rapide, plus efficace, et, évidement, plus cher. Les cuves, les locaux, les matériaux, tout coûte plus cher. Il faut plus de gens, et, le plus important : plus de mercure. C'est probablement la raison pour laquelle on n'utilise pas notre méthode dans les hôpitaux. Allez comprendre! Les deux méthodes ont été arrêtées à cause des accidents. La méthode des frictions à chaud a été reprise. On prétend que les fumigations à des températures élevées sont très dangereuses, on prétend qu'il y a plus de morts. Âneries! Quelle que soit la méthode les faibles par nature courent plus de risques. » Il ne lui dit pas que les gens exposés à des vapeurs mercurielles chaudes à répétition sont gravement intoxiqués. Il ne lui dit pas non plus qu'ils y sont allés trop fort et que la fille va mourir bientôt, que c'est une question de semaines. Geoffroy remarque qu'il donne trop de détails, qu'il parle comme s'il a besoin de se justifier, mais il se dit que ça n'est pas son problème. Il prie pour que la fille qu'il verra soit celle du dessin.

Il y a près de la tête du lit un seau plein de salive. Plus près du mur, il y a un autre seau rempli de matière fécale liquide de couleur jaune, et de vomi, le tout mêlé à des lambeaux de membranes sanglantes. Il y a sous le lit une large flaque jaunâtre. Geoffroy ne remarque pas immédiatement les seaux ni la flaque sous le lit, mais il sent l'odeur infecte. Il met son mouchoir devant le nez. La fille est assise sur le lit. Elle est trop maigre. Le visage est couvert de plaques rouge vif. Le visage n'est plus celui du dessin, mais ses yeux, trop grands pour son visage, sont les mêmes. Geoffroy donne à l'homme le louis d'or promis. L'homme les laisse seuls. Elle tremble beaucoup. Geoffroy lui couvre les épaules. Elle repousse la couverture. Elle commence à se gratter. Ses doigts sont comme des branches fines terminales de bois mort. Les quelques ongles qu'elle a encore, ou plutôt des morceaux d'ongles, sont bien décollés et ne tarderont pas à tomber. Il attend qu'elle arrête de se gratter pour lui parler. Raté. Elle commence à cracher dans le seau. Elle crache longuement. Elle lui fait signe de lui remplir un verre d'eau. Elle tremble tellement qu'elle est incapable de porter seule le verre à la bouche. Il l'aide. Elle n'a pas de dents. Sa bouche est une plaie. Il s'en dégage une odeur de viande en décomposition. Il pose le verre. Il lui parle de Paul. Il lui demande si elle le connaît. Elle le connaît. Il lui demande quand elle l'a vu pour la dernière fois, et si elle sait où il habite. Elle commence à répondre. Elle se tait. Il est sûr qu'elle a oublié le début de la phrase. Il répète la question. Elle ne l'a pas vu depuis des mois. Elle bave, il lui essuie la bave, elle crache. Elle tousse. Elle projette du sang. Il s'éloigne.

Il abandonne. Elle n'a pas vu Paul depuis plusieurs mois. *Renseignement de grande valeur. Renseignement décisif.* Il est en colère.

Il traîne dans quartier Saint-Sulpice. Il se rend au marché près du Luxembourg. Il repère quelques hommes qui proposent des médicaments aux gens. Il les observe. Les hommes se parlent de temps en temps. Trois d'entre eux se posent sur un bloc de pierre. Il les aborde. Il leur dit qu'il cherche du travail. Les deux plus jeunes partent, le plus vieux reste. Il regarde loin devant et ne dit rien. Il est trop vieux, il ne pourrait rien faire pour lui. Geoffroy s'apprête à partir. L'homme se lève et lui demande de le suivre. Sa boutique n'est pas loin. L'homme est apothicaire. Il lui explique son travail. Il fabrique lui-même la plupart des médicaments qu'il vend. Il propose ses médicaments dans sa boutique, mais il en vend également au marché. Les autres hommes qui étaient avec lui vendent un peu de tout. Il lui parle des médicaments qui se vendent le plus. Geoffroy ne le lâche pas du regard. L'homme est maigre. Il est chauve. La peau colle au crâne. Ses mâchoires ferment bizarrement. *Il a soixante-dix ans, au moins. Il mourra avant la fin de l'année.* À supposer qu'il lui donne du travail, leur collaboration n'ira pas loin. Geoffroy ne l'écoute pas. Il regarde sa bouche. Il n'a que les dents de devant. Et elles semblent vouloir tomber. Les gencives sont détachées des dents. Ses dents sont marron. Pour être juste il faut dire que près des gencives elles virent au vert profond. *Précision importante.* Geoffroy est nerveux. *Le vieux* s'arrête net. Il lui dit qu'il a un travail pour lui. Il lui fait signe de le suivre dans l'arrière-boutique. Il lui montre trois alambics par terre. Il lui demande de les nettoyer. Ça secoue. Fini les paroles. Il va travailler. *C'est la première fois. Travailler* n'est pas imaginable pour les siens. Il reprend ses esprits. Il se met à genoux et commence à nettoyer. Il essaie de faire comme les bonnes chez lui. Il n'a pas le geste, mais il ne se décourage pas. *Il veut réussir.* Le vieux va à côté puis revient, il répare une petite boîte. Geoffroy ne relève pas la tête.

Le vieux lui demande de s'asseoir à sa table. Il lui sert une boisson. Geoffroy se dit qu'il vient de réussir la première épreuve. Le vieux lui dit que depuis que son vendeur est parti, il est obligé de sortir lui-même. Il lui dit qu'il pourrait devenir son vendeur. Il est propre et il a « une bonne tête ». Il lui explique comment il faut s'y prendre avec les gens. Il lui montre les médicaments. Il lui donne un peu de narcotica, un peu d'eau admirable, et beaucoup de thériaque.

« La narcotica apaise les douleurs, abat les vapeurs, excite le sommeil... L'eau admirable réjouit le cœur et le cerveau, excite le mois des femmes... La thériaque est contre toutes les maladies contagieuses, fièvres, la petite vérole, contre la morsure des bêtes vénéneuses, contre les vers, elle soigne la colique, elle est utilisée pour le traitement de l'asthme, l'apoplexie, la paralysie, l'épilepsie... La thériaque, tout le monde en veut. Tu en vendras beaucoup. Si quelqu'un demande autre chose, sans hésiter tu dois répondre que tu en as, et tu dois venir m'en parler. »

Voilà pour la formation de vendeur.

Il a travaillé tout l'après-midi. Il a bien travaillé. Il voit que le vieux est content du résultat. Le vieux lui remet une poignée de liards. Être payé à la fin de la journée, ne pas être obligé d'y retourner le lendemain. Définitivement, il aime « les gens de néant ». *Pas de passé, pas trop de rêverie d'avenir, et sans nom de famille. Travail contre argent, toute de suite, demain on verra.*

« Est-ce que tu peux venir assez tôt demain ?
— Je le ferai. »

Ils parlent un peu. Le vieux lui demande s'il a des problèmes de logement, il lui répond qu'il dort chez une cousine. Il ne lui dit pas que ce sont des bonnes qui lavent ses vêtements. Il apprend que *le vieux* n'a que cinquante-deux ans.

Il traverse Paris à pied. Il va directement dans sa chambre. Il remplit la pipe, il s'allonge sur le lit, il tire une grosse taffe. La première est la meilleure. Il pose les pièces de monnaie sur un petit meuble à côté. Ça ne vaut que trois sous. Il a gagné trois sous. Il vient d'apprendre ce que veut dire pour un manœuvre, ou un vendeur, ou un domestique, peu importe, gagner trois sous. Un autre monde. Il est maintenant comme les domestiques qui travaillent à l'hôtel. Il ne sait pas combien de temps ça va durer. Personne de son entourage ne doit l'apprendre. Travailler peut détruire la réputation d'un homme. Il regarde les pièces sur le meuble comme quelque chose de spécial. Pour la toute première fois de sa vie l'argent ne vient pas des parents. Il dépense de l'argent depuis toujours. Il sait immédiatement se représenter la quantité de divers biens qu'il peut payer avec telle ou telle somme. Il sait, par exemple, qu'un barral de vin de Provence vaut trente sous, qu'un muid de vin de Soissons vaut seize livres. Le vin de Bordeaux vaut beaucoup plus cher. Le pot d'un blanc supérieur, qu'il buvait à la maison, vaut deux livres... Avec trois sous il peut acheter trois pintes et demie de vin de Provence ou deux pintes de vin de Soissons. S'il veut boire du bordeaux, avec trois sous il pourrait payer moins d'un petit verre. Une pinte vaut une livre. Il faut travailler trois jours, trois jours entiers... Autre calcul. Il a dix-neuf louis d'or et huit pistoles. Ses louis valent quatre-cent-cinquante-six livres et ses pistoles quatre-vingts, ce qui donne un total de cinq-cent-trente-six livres. Le vieux lui a remis trois sous. Il gagnera donc six sous par jour, ce qui donne environ neuf livres par mois. Tout compris, trajet et passeurs, la traversée coûte mille livres. Pour gagner les quatre-cent-soixante-quatre livres qui lui manquent, il lui faut travailler quatre ans et demi tout en logeant gratuitement chez sa cousine. Est-ce qu'il trouve que la somme qu'il vient de gagner est ridicule ? Il trouve que la somme est ridicule. Mais il travaillera. Si sa cousine le vire, il ne dormira pas dehors.

Le vieux lui donne des ordres, il obéit. Le vieux lui donne des conseils, il écoute attentivement. Il apprend à mieux servir. Il sait bien sûr que les domestiques qui ne parlent pas et qui obéissent exactement au maître sont les plus appréciés.

Le vieux lui demande de temps en temps de faire des livraisons spéciales. Le produit est déposé chez deux marchands de fruits. Geoffroy ne voit pas les vrais acheteurs.

Le vieux lui dit qu'il livre des produits dangereux. Il lui fait connaître la liste complète. Drogues pour endormir, produits pour avorter, préparations destinées à la magie, hallucinogènes absorbés lors des messes noires ou des cérémonies de pacte avec le diable..., et, poisons. Il lui dit également avoir décidé d'escamoter les intermédiaires. Geoffroy pense qu'il n'était pas obligé de lui dire qu'il livrait des poisons. C'est une marque de confiance. Il apprécie.

Geoffroy contacte directement les acheteurs. Les acheteurs sont des grossistes, diseuses de bonne aventure, magiciens, prêtres, etc.

Le couteau acheté au début aux Halles ne suffit plus. Il achète un pistolet.

Geoffroy gagne six sous honnêtes par jour en vendant des médocs dans la rue. Il vend toujours des médicaments, le vieux exige qu'il travaille sérieusement. « L'activité propre sert à justifier d'où vient l'argent. » Les sommes qu'il gagne en faisant des livraisons spéciales sont fantastiques. Le vieux lui file une livre par livraison. Il gagne trois livres par jour, parfois quatre. Il a déjà mis cent livres de côté. Il espère gagner beaucoup plus. Le vieux lui a dit qu'il l'autorisera à se faire sa propre clientèle. Mais d'abord il doit apprendre à ne pas se mettre en danger. Les gains seront clairement plus élevés. Chaque fiole vendue lui rapportera onze livres environ. Il faut oublier Londres. Vu l'argent qu'il gagne, et, surtout, vu l'espérance des gains futurs, la décision a été vite prise. Il travaillera à Paris. Il partira ensuite en Amérique.

Le vieux lui donne des conseils tous les jours. Il ne doit jamais décliner son identité. Il doit se donner un surnom. Il ne doit jamais voir plus d'une personne à la fois. Jamais deux personnes, interrogées par la police, ne doivent pouvoir dire l'avoir vu au même endroit, le même jour, etc. Ne jamais dire un mot de trop. Il faut garder à l'esprit que n'importe lequel des clients peut se faire prendre un jour. Sous la torture n'importe quel homme peut changer. Il faut toujours se comporter comme si les choses vont tourner mal. Il suit les conseils du vieux. Il s'impose d'autres contraintes. Il voit ses acheteurs dans des lieux publics. La fuite doit être « facile et prompte ». Il voit ses acheteurs « à la tombée du crépuscule ». Il cache le nez sous son manteau. Il se couvre la tête. Il ne regarde pas les gens dans les yeux...

Le surnom du vieux est *L'Auteur*. Geoffroy étant grand et fort s'est appelé *Le Grand Auteur*.

Les deux hommes travaillent bien ensemble. Le vieux lui fait confiance. Il lui laisse les clés de la boutique. Il s'y trouve le stock de drogues et de poisons. Il y a aussi la caisse. Avoir la clé de la caisse, même s'il n'y a pas beaucoup d'argent à l'intérieur, veut dire quelque chose.

Geoffroy gagne de l'argent. Il peut se contenter de gagner de l'argent et de calculer le nombre de jours qui le séparent de sa nouvelle vie, de sa vie future hors du royaume, mais comme toujours il veut aller plus loin. Le vieux a beaucoup de livres. Geoffroy a trouvé des livres de pharmacopée et de chimie. Dès qu'il le peut, il plonge dans la lecture. Il prend des notes. Il note tout ce qui lui paraît intéressant.

« Liqueur fixe d'arsenic

> Pulverisez et mélez ensemble une livre d'Arsenic, et trois livres de salpétre, et les faites fondre dans un ou plusieurs grands creusets, desquels les deux tiers doivent demeurer vuides à cause de la grande ébullition. C'est pourquoi qu'il faut que le feu soit modéré au commencement, et durant une ou deux heures ; mais durant que l'ébullition cessera, augmentez le feu, et le continuez, jusqu'à ce que la matière ne jette plus de fumée, et qu'elle soit coulante comme de l'huile dans le fond du creuset. Alors vous la jetterez dans un mortier chauffé, et lors qu'elle commencera à se refroidir, pulverisez-la, et l'exposez à l'air humide pour la faire résoudre en liqueur, laquelle vous filtrerez et conserverez dans un phiole. On s'en sert contre les ulcères malins, veroliques, chancreux et fistuleux, et on la tempère avec les eaux appropriées, pour diminuer la force. »

Il vient de relire le procédé. Il prononce : « La liqueur fixe d'arsenic de la main même de Glaser. » Il lit rapidement *La liqueur corrosive d'arsenic* et remet le petit traité à sa place. Il continuera plus tard. Le *Traité de la chimie* de Glaser — de son vivant apothicaire du roi — est sa plus grosse découverte, la vraie découverte. Le langage est clair. Tout paraît tellement simple.

« Le fourneau *Piger Henricus*

> [...] Nous commencerons par le fourneau [...] ainsi nommé à cause qu'il ne demande pas

une si grande subjection, et vigilance que les autres fourneaux. On l'appelle aussi Athanor, mot Arabe, qui signifie fourneau : on luy donne ce nom par excellence, à cause qu'il est très utile pour faire plusieurs opérations en mesme temps, qu'il épargne beaucoup de charbon, et soulage l'Artiste, et que la chaleur que la tour communique aux parties annéxées peut estre réglée facilement. Il faut que le fourneau aye trois parties. La première, est la tour qui contient le feu, et autant de charbon qu'il en peut estre consommé dans vingt-quatre heures. La deuxième est un fourneau pour le bain Marie. La troisième, un fourneau à sable, et si la commodité du lieu où on fait bastir ce fourneau le permet, on y peut adjoûter une quatrième partie, qui doit estre un fourneau à cendres. La première, qui est la tour, doit avoir au moins trois pieds de haut, et huit à neuf poulces de diamètre en rond au dedans et bien unie ; elle doit avoir son cendrier avec une porte, par laquelle ou puisse tirer la cendre ; elle doit aussi avoir une grille, et au dessous de la grille une autre porte, par laquelle on puisse nettoyer la tour, en cas qu'il s'y fasse amas de pierres, de terre, ou autres immondices qui se rencontrent dans le charbon, et qui sont capables de boucher la grille, et empescher l'action du feu. Il est nécessaire que cette tour aye de chaque costé un peu au dessus de la grille, deux trous, c'est à dire, pour chaque partie un trou, de la hauteur d'environ cinq poulces, et quatre poulces de largeur, par où la chaleur du feu contenu dans la tour se puisse communiquer dans les fourneaux du bain Marie et du sable, ausquels on peut aussi faire des portes pour les cendres et pour y introduire du charbon, afin qu'on s'en puisse servir en particulier, en cas qu'on n'aye pas des opérations à faire pour occuper la machine toute entière ; il faut accommoder à chacun de ces fourneaux une grille, et à chacun quatre trous, avec leurs bouchons qui serviront de registres. [...] »

« Sacré Glaser ! » Geoffroy n'a pas de mal à construire mentalement le fourneau. Facile comme il n'est pas permis. Il construira le même le jour où il décidera de se lancer dans la fabrication.

L'arsenic, l'orpiment et le réalgar sont respectivement blanc, jaune et rouge. C'est le même minéral, ils ont les mêmes propriétés. Le vieux utilise le premier. Geoffroy a trouvé des notes écrites de la main du vieux. Il a rédigé un mémoire.

Extrait du *Mémoire sur les effets de l'arsenic*

Après avoir versé la poudre dans un verre d'eau, l'eau restera claire [...] Autre avantage : l'arsenic n'a aucun goût. Peu de temps après avoir avalé le poison, *le malade* se plaint d'une saveur désagréable dans la bouche. Ce n'est pas le goût de l'arsenic, cela remonte de l'estomac. [...]
Les vomissements sont violents. Le malade se vide. Il a soif, mais dès qu'il boit, il rejette tout aussitôt. Survient ensuite une diarrhée douloureuse et aussi violente que les vomissements [...] Les vomis-

sements cessent, les douleurs s'arrêtent, l'état du malade s'améliore temporairement. Les douleurs reprennent. Le malade est saisi d'une fièvre ardente avec des convulsions. [...]

La peau du visage devient de plus en plus pâle, la couleur s'approchant du bleu-vert. Des sueurs froides couvrent constamment la peau [...] La respiration devient difficile [...] Le malade ne peut plus parler. Le cœur s'affaiblit et finit par s'arrêter.

Après avoir avalé une bonne dose d'arsenic l'homme peut mourir en quelques heures. Mais dans la plupart des cas l'agonie dure quelques jours. [...]

L'empoisonnement se passait ainsi dans les temps anciens, avant l'arrivée des génies. [...]

Ceux que Geoffroy appelle *génies* fabriquent des produits auxquels ils donnent des noms folkloriques qui excitent l'imagination ; généralement ces produits ne sont rien d'autre que des acides arsénieux. Ils font avaler aux victimes de très petites doses, suffisamment petites pour ne pas provoquer de symptômes connus. L'arsenic s'accumule dans l'organisme et finit par tuer. Le vieux appelle son produit *La Dame blanche*.

Geoffroy décide de trouver un nom pour son futur produit. Il pense l'appeler *Ange silencieux*. Il abandonne l'idée de l'ange, mais le mot *silencieux* caractérise bien le produit.

Le Maître silencieux. Superbe.

Extrait du *Mémoire sur les effets de l'arsenic*

Il est facile de faire avaler à une personne une dose mortelle d'arsenic, mais les diarrhées et les vomissements violents qui s'ensuivent font soupçonner un empoisonnement. L'idée nouvelle est de donner à la personne chaque jour une petite dose, d'altérer sa santé de cette façon. Tant qu'il n'y a pas de mort prompte, mais une longue maladie, pour les médecins il n'y a pas de poison. Anciennement la mort était violente et rapide, maintenant la mort est douce et lente. [...]

L'administration d'une dose unique n'entraîne pas toujours la mort. Pour que l'arsenic tue, la dose ne doit pas être inférieure à deux grains et un quart. Si la dose se situe entre deux grains et un quart et deux grains et trois quarts, on tue avec certitude. La limite supérieure de la dose est utile. Il faut connaître cette limite pour ne pas donner trop de poison pour rien. De telles doses, et souvent (inutilement) supérieures, sont données lors des empoisonnements rapides, à l'ancienne. Si la dose se situe entre un quart de grain et deux grains et un quart, il y aura un accident. L'accident est ce qui peut arriver de pire, car, d'abord, l'homme ne meurt pas, ensuite, le médecin qui vient l'examiner s'aperçoit qu'il y a eu une tentative d'empoisonnement. L'exécuteur y joue sa propre tête. Une dose inférieure à un quart de grain ne tue pas et ne provoque pas d'accident. Donc, deux règles nouvelles : il n'y a plus de prise unique, mais une *cure* continue ; la dose quotidienne doit être au moins dix fois inférieure à la dose minimale entraînant la mort. Grâce à ces deux règles, fini l'empoisonnement rapide. Pas de vomissements, pas de diarrhées. La mort rend visite chaque jour, elle prend quelque chose, elle continue jusqu'à ce qu'elle ait tout emporté. Les génies ont rendu la mort « patiente ». [...]

La poudre passera l'épreuve du feu. L'arsenic est un minéral inflammable, mais une poudre qui parmi ses autres composants ne contient qu'un quart de grain d'arsenic passera l'épreuve du feu. Elle passera aussi l'épreuve de l'eau, et cetera. Cette même poudre donnée au chien ne produira aucun effet visible sur sa santé. [...]

Quelques individus ont une intolérance absolue pour l'arsenic. C'est rare mais il faut en tenir compte. Le produit est rejeté dès la première prise, quelle que soit la dose. L'exécuteur provoque donc un accident même si le dosage est juste. Les effets étant les mêmes que ceux de l'empoisonnement à l'ancienne, cela peut lui causer de graves problèmes avec l'entourage de la personne. Il est conseillé par conséquent de faire attention : la première dose de la cure doit être très petite, beaucoup plus petite que la dose quotidienne calculée. L'exécuteur devra être une personne adroite. [...]

Sauf intolérance absolue, la première prise ne provoque rien. Souvent même après plusieurs prises il n'apparaît aucun effet sur la santé [...] Il n'y a pas de vomissements ni de diarrhées, ou, quand il y en a, rien de violent, tout est faible et passager, et de même nature que les dérèglements divers d'une personne ayant ingéré des aliments impropres. Cela détourne l'attention des médecins [...] Avec le temps qui passe, le malade devient anémique et perd du poids. La perte de poids est constante. Rien de violent. Les médecins déclarent qu'elle due « à ceci et à cela ». [...]

Brûlures à la gorge. Elles ne sont pas constantes dans le temps. Les médecins saignent le malade ou lui font un lavement et repartent. [...]

Avant, les vomissements, les diarrhées, et cetera, étaient prédominants. Rien de tout cela. Tout passe par les nerfs. La cure avançant, le malade se plaint de crampes, de douleurs dans les membres... Les jambes faiblissent. Le tout se termine en paralysie. [...]

Lors de l'empoisonnement à l'ancienne, tout va tellement vite et la mort survient tellement rapidement que les effets sur le système nerveux passent inaperçus. Ils sont couverts par les maux d'estomac, d'intestins, et cetera. Les médecins ne savent pas que l'arsenic est à l'origine des problèmes nerveux. Ils inventent d'autres causes. [...]

Il n'y a pas de fièvre. [...]

Il y a des rémissions et des rechutes. Les médecins ne comprennent pas ce qu'il se passe, et, ne voulant pas laisser paraître leur ignorance, ils parlent de telle et telle maladie, qui ne sont pas la vraie maladie. [...]

La mort ne survient plus quand elle veut. La maladie peut durer des mois ou des années, selon le souhait du client. La mort est lente et commandée. [...]

À considérer avec attention !

Il existe quelques facteurs indépendants qui peuvent modifier le résultat [...] Si les doses sont progressives, il peut y avoir accoutumance. La durée de l'exécution sera allongée. L'exécuteur dans ce cas est exposé à des risques liés au prolongement inattendu de la cure. [...]

Certaines personnes peuvent avaler des doses très élevées, et, même si elles ont des dérèglements divers, elles finissent néanmoins par guérir. On raconte que dans certains pays étrangers les gens pensent que l'arsenic rend beau et fort, et viril. Il paraît que les hommes prennent de grandes quantités d'arsenic durant toute leur vie, et que l'arsenic ne leur pose pas de problème. [...]

L'arsenic s'accumule bien que l'organisme en expulse une partie au quotidien. Donc l'homme mourra tôt ou tard. Mais quand il a été promis au client une certaine durée de la cure, l'accoutumance ou la grande tolérance peuvent poser problème. [...]

Il y a des réactions communes, mais chaque personne est unique. La réussite de l'opération dépend de sa santé générale, du poids, de l'âge, et cetera. Il est préférable, à moins que les conditions de l'exécution ne le permettent pas, de prendre des notes quotidiennement. Observer et décrire l'état du malade. L'exécuteur souvent ne sait pas écrire, alors, si le risque n'est pas grand, il faut le voir régulièrement et lui poser des questions. [...]

La documentation du vieux sera utile pour commencer. Le travail n'est pas fini. À l'avenir il devra enrichir les données recueillies. Il devra y rajouter les observations de ses propres exécuteurs.

Geoffroy sait où chercher des plantes médicinales autour de Paris. Il a appris également où trouver des crapauds en abondance. Il aimerait bien *pimenter ses produits*, les rendre différents de ceux proposés par la concurrence.

Il a dit à sa cousine qu'il s'intéresse à la chimie et à la médecine, qu'il compte développer des médicaments. Il lui a montré un paquet contenant de la teinture de cristal et un autre contenant du magistère de cristal. Il lui a expliqué que le premier médicament sert à soigner les maladies mélancoliques et le second à détruire l'acidité qui cause l'appétit... Elle l'a regardé amusée. Elle l'a laissé construire son fourneau.

Il continue à travailler pour le vieux. Il ne lui dit rien pour le fourneau. Il ne se sent pas à l'aise. La séparation se fera dans de bonnes conditions ou elle n'aura pas lieu.

Ses expériences se passent bien, mais il a des problèmes d'une autre nature. Touchet l'emmerde. Il l'emmerde vraiment. Il n'arrête pas d'aller voir ce qu'il fait. Il n'ose pas y aller seul, il y va avec sa cousine. Il laisse entendre qu'il ne croit pas à l'histoire de fabrication de médicaments. Il ne le regarde jamais quand il parle, il regarde madame.

Touchet parle du *bouillon de la rue Saint-Denis.* Il finit en disant qu'il se méfie, qu'il ne pense pas que ce soit une bonne chose d'avoir un fourneau chez eux. Madame de Tollières n'a pas prononcé un seul mot depuis le début. Elle est impressionnée. Geoffroy ne réagit pas. Il fixe Touchet. Touchet vient de dire « chez nous ».

Geoffroy boit son chocolat debout près de la grande cheminée de la cuisine. La cuisinière s'affaire dans un coin. Touchet mange avec un valet. On les appelle. Touchet dit à la cuisinière de ne rien toucher, ils reviendront finir leur repas. Ils partent. Geoffroy regarde rapidement la cuisinière. Elle a le dos tourné. Il s'avance vers la table, il sort la fiole de sa poche, il verse le liquide dans le verre de Touchet, il marche jusqu'à la fenêtre. Les hommes reviennent, ils se remettent à table. Ils mangent en bavardant. Geoffroy boit son chocolat en faisant semblant de regarder par la fenêtre. Il tremble encore légèrement. Sa poitrine est encore toute gonflée. Il imagine que son visage n'a pas une couleur normale. Au moment où il a versé le poison dans le verre, il a cessé de respirer, le cœur a donné deux coups, c'était fort et sec. C'était *la première fois.* Touchet ne fait aucun malaise, donc pas d'intolérance absolue. *Tout se passera bien jusqu'à la fin notre ami.*

Il met chaque jour du poison dans les aliments de Touchet. Il est vrai, au début il y avait un peu de haine, mais c'est vite passé. Il observe *son patient* et prend des notes. Il pense à sa science. *Un praticien doit observer et doit tout noter. Il doit tirer profit de toutes les expériences.*

Touchet, un homme utile à son pareil.

Extrait du *Journal*

Notre ami a commencé à se plaindre. Il dit ne pas bien voir, et il dit avoir des poussières dans les yeux. [...]

Il a des bourdonnements d'oreilles. Il se sent « fatigué dans sa tête ». [...]

Toujours pas de vomissements ni autre dérèglement pouvant éveiller des soupçons. Continuez notre ami ! Je vous présente mes excuses pour les rares fois où j'ai pensé que vous ne vous consacreriez pas pleinement à notre projet commun. [...]

Fourmillements, démangeaisons [...] Une dernière chose : il commence à avoir le visage bouffi, surtout les paupières. [...]

Grand affaiblissement musculaire. Le médecin lui a conseillé quelques jours de repos. [...]

Il s'est levé [...] Il a avoué au valet qu'il ne sentait plus le sol sous ses pieds. Il arrive à garder son équilibre seulement en piétinant sur place sans arrêt. Ce matin le valet se retenait pour ne pas rire. Il faut dire que c'était amusant. [...]

Quand il marche, il jette les jambes devant lui [...] Il ne peut plus marcher sans se tenir aux meubles. [...]

Il ne peut pas rester debout tout seul. Il n'a plus assez de forces. Il ne se lève plus [...] Il dit ne plus sentir du tout les doigts de la main. Le verre lui tombe de la main sans qu'il s'en rende compte. [...]

Le docteur est passé. Notre ami a comparé son mal à la douleur causée par le broiement des os. Il a dit que la nuit il souffre horriblement, qu'il ne peut fermer l'œil. Il a dit aussi : « Je me fais mordre par des bêtes, des bêtes me mordent la plante des pieds. » [...]

Cris pendant toute la nuit. Se plaint de douleurs insupportables. Deux autres docteurs sont passés [...] Gonflement de la verge. Ils lui ont trouvé aussi des bulles de la taille d'un œuf de poule derrière [...] Sa chambre pue fort. [...]

Les docteurs sont revenus. Paralysie des jambes. Il ne sort plus du lit. [...]

Ces jours-ci les choses sont allées vite. Cris. Il a mal dès qu'on le touche. Même l'opium ne fait plus d'effet. Je crois que les docteurs ne savent plus que faire [...] Cette nuit il a pissé au lit. Ce n'est pas la première fois, à en croire la bonne. [...]

Les autres docteurs, ceux de la peau, sont revenus. Il a sur la peau des taches foncées comme des taches de chocolat. Les taches sont de tailles différentes. [...]

D'autres docteurs sont passés. Notre ami a dit avoir, dans le noir, la nuit, des visions lumineuses brèves, qui apparaissent et disparaissent. Il n'entend plus bien, il faut tout lui répéter [...] Il est comme hébété. Le docteur lui a demandé quand il avait été pour la dernière fois en Picardie chez sa femme, il lui a répondu : « Hier. » À part cette confusion, il a tenu une conversation correcte, alors le médecin n'a rien pu dire de précis. [...]

Important !

Le vieux a noté que le malade perd ses cheveux, cils, sourcils et poils, et que les ongles deviennent fins et cassants. Il n'en est rien. Aucune chute de cheveux, cils..., au contraire, il me semble que ses cheveux sont plus beaux. Et ses ongles sont devenus épais, et ils sont courbés. Ses ongles ressemblent à des griffes de chat.

La maladie devait durer trois mois. Elle a duré quatre mois et demi. Geoffroy a estimé que l'allongement de la durée était dû aux *arrêts de cure*. Touchet est mort la nuit. Tout le monde allait et venait dans les couloirs. Geoffroy est allé vérifier. Il a noté la date et l'heure de la mort dans son carnet et il s'est recouché. Il était fatigué, il s'est rendormi aussitôt. Il s'est levé à six heures. Il avait des livraisons à faire aux quatre coins de Paris.

Madame de Tollières disant qu'elle souffrait beaucoup de la goutte est restée une semaine cloîtrée dans sa chambre. Lorsqu'il l'a revue, elle avait des cernes sombres et profonds. Elle semblait encore plus petite qu'avant, et elle avait peut-être maigri un peu. Elle était devenue une petite chose aux cheveux blancs.

Une année à Paris. Une année chargée. Il a appris à gagner de l'argent. Il a appris à tuer. Il est devenu un homme. Sa vie d'avant lui paraît lointaine. La deuxième année sera celle de l'indépendance. Il est dans le salon. Il fume. Il attend sa cousine. Depuis que Touchet est mort elle ne va pas bien. « Pauvre Touchet. » Pendant les courtes rémissions, il se remettait à sourire, l'espoir renaissait. Il y a eu des rémissions parce que Geoffroy arrêtait de lui donner ses doses. C'était pour voir l'évolution. L'état du *malade* s'améliorait progressivement. Il notait : « Arrêt de cure suivi d'une rémission. » Les médecins vantaient les vertus du dernier médicament donné, sa cousine était heureuse. Il recommençait *le traitement*, Touchet allait mal à nouveau, c'était pire que la fois précédente. Sa cousine retombait dans la dépression. Il était désolé de provoquer de grandes joies suivies de rechutes dépressives. Il ne pouvait rien pour elle. Les arrêts de cure faisaient partie du programme qu'il avait mis en place. Depuis la mort de Touchet sa cousine est presque aimable avec lui. Déduction simple : Touchet était à l'origine de la « cruelle animosité contre lui ». Il se sent chez lui. Il peut rester toute sa vie s'il le veut. Mais il ne restera pas. Il va se lancer dans un grand projet. Il va louer un appartement dans le quartier Saint-Sulpice. Il n'installera pas le fourneau chez lui. Il louera un logement dans un autre quartier. Il louera sous un faux nom pour partir sans laisser de trace en cas de problème. Il vendra les produits du vieux et ses propres produits. En maîtrisant tout, conception, production, distribution, on gagne beaucoup d'argent. Ça fait une heure qu'il attend la vieille dans le salon. Il s'ennuie. S'il y avait une bibliothèque, il aurait fouillé un peu. Il n'y a pas un seul livre chez sa cousine, c'est fou. Un point commun entre la vieille et son escroc : deux abrutis purs. Si on lui demandait de qualifier ses sentiments pour madame de Tollières, il dirait qu'elle lui fait pitié. Il dirait qu'au fond elle est une personne malheureuse. Son physique est tellement ingrat, et elle est tellement vieille, et elle est tellement ignorante. *Il ne s'avouera jamais qu'il éprouve de l'amitié pour elle. La guerre est trop récente.* Il y a un beau soleil. Il remplit sa pipe. *Alors le sieur Touchet ne sent plus le sol sous ses pieds ? On baise madame la marquise, on monte trop haut.* Il sourit tout seul. Il est sûr d'avoir fait ce qu'il fallait. L'escroc devait mourir. « La vieille s'en remettra. »

Il lui demande la permission de quitter sa maison. Il lui dit qu'il souhaite s'installer ailleurs. Il écrira à ses parents à ce propos. Il l'assure que son amitié pour elle est intacte. Il lui dit qu'il lui rendra régulièrement visite, qu'il viendra faire le repas du dimanche chez elle, etc. Elle n'aime pas le mot *non*, elle ne le prononce jamais. Elle ne s'oppose pas à son départ. Elle lui demande de lui laisser l'adresse. Elle lui dit qu'il peut revenir quand il veut.

Elle ne verra plus tous les jours sa tête dure comme une pierre. « Monsieur se croit spécial. » Elle ne le déteste pas vraiment, et elle est persuadée qu'il le sait.

Le vieux lui donne un grand sac rempli de drogues. Il lui dit de ne rien consommer pendant la cérémonie. Les produits sont très forts. S'il en prend, il ne pourra pas remplir sa fonction de surveillant. Il lui donne un autre sac. Il contient des médicaments « à faire prendre aux participants si besoin ».

Geoffroy y compris, ils sont cinq hommes. Il y a trois femmes avec eux. L'une d'elles fera un pacte. On lui apprendra ensuite des secrets « pour trouver des trésors et pour gagner au jeu ». Les carrosses s'arrêtent. Ils sont près de Compiègne. Le château appartient à l'un des amis de Flamicourt. Le bois des Femmes-d'Érus où se déroulera la cérémonie est à une lieue du château. C'est un lieu d'évocation. Il commence à faire sombre. Flamicourt et ses quatre assistants, deux hommes et deux femmes, sont déjà sur place. Ils sont prêts. Longues capes, chapeaux pointus. Flamicourt a une corne sur la tête.

Les assistants les accompagnent. Ils doivent se préparer. Ils ôtent leurs vêtements et mettent le même costume que les assistants. Avant de commencer, ils défilent devant Flamicourt. Ils se mettent à genoux et lui baisent la main. *L'adoration du grand maître.* Flamicourt a étudié la philosophie à la Sorbonne. On raconte qu'il est le bâtard d'un grand seigneur. Son père ne lui a jamais permis de porter son nom, mais il a financé ses études à Paris. On dit que sa première rencontre avec le diable a eu lieu à la fin de ses études. Un soir il a été saisi d'une « fureur inexplicable ». Il a décidé de se vendre au diable. Les jours suivants il l'a appelé tellement que la rencontre a enfin eu lieu. Le diable s'est engagé à le servir pendant un an. Flamicourt s'est engagé à le servir par la suite. Après avoir scellé le pacte avec le sang de Flamicourt, le diable est reparti. Pendant une année Flamicourt a reçu beaucoup d'argent. À la date anniversaire, le diable lui a demandé d'honorer sa part du contrat. Flamicourt devait se mettre à son service, il devait faire le mal partout. La première mission a été de se rendre à Caen et de tuer toute sa famille. Il l'a fait. Il a tué son père. Il a tué son demi-frère. Il a tué tous les autres. Flamicourt est en relation avec le diable, l'information passera à travers lui. Il existe deux sortes de pacte, formel et tacite... L'un des hommes, déjà ivre, lui explique ces détails. Geoffroy fait semblant de l'écouter. Les assistants dressent la table. La table est magnifique. Il y a toutes sortes de viandes, toutes sortes de fruits et les meilleurs vins. Ils sont treize au total, huit hommes et cinq femmes. Flamicourt place chacun selon son rang.

Les assistants éteignent les torches, ils allument des bougies noires. Il y a beaucoup de bougies. On procède encore une fois à l'adoration du grand maître.

Les chaises forment un cercle. Les hommes se mettent à droite, les femmes à gauche. Deux assistants font le tour. Le premier porte les verres, le second sert les breuvages. Le silence parfait. Les assistants font un deuxième tour. Cette fois ils apportent sur un plateau des feuilles d'or et des bijoux ornés de pierres précieuses. Ces objets sont offerts aux femmes par Flamicourt. Les deux femmes de rang plus élevé se servent d'abord. Ils regardent Flamicourt. Il a la tête tournée légèrement vers le ciel. Il a les yeux fermés. Il communique mentalement avec le diable. On prépare la messe. La novice est couchée. Elle est toute nue. Flamicourt dit la messe sur son ventre. Il lui fait une piqûre à l'extrémité du doigt et recueille quelques gouttes de sang. Elle signe le pacte. Les assistantes lui apprennent un secret. Il faut peindre un arc en noir. Il faut tirer sur la corde. Tant qu'elle ne lâchera pas la corde, les ennemis qu'elle désignera souffriront de grandes douleurs. Ce n'est qu'un début. Elle apprendra le reste au fil des cérémonies.
Ils lisent des vers.
Ils jouent de la harpe.
Les femmes dansent nues. Elles dansent lentement. Elles déplient leurs bras, elles font onduler leur corps. Les hommes restent assis en demi-cercle. La première assistante met dans la bouche le sexe de Flamicourt et elle le garde quelques secondes. Elle se place devant l'homme à droite de Flamicourt. Elle met son sexe dans la bouche, elle le garde quelques secondes. Elle passe au suivant. Elle continue jusqu'au dernier. Les autres femmes font la même chose. Ils mettent des bougies noires dans le sexe des femmes et ils récitent des formules magiques.
Flamicourt dit : « La femme devient grosse. »

Flamicourt dit : « L'enfant qui naît est un serpent. »
Ils mettent d'autres objets dans leur sexe, ils récitent d'autres formules. Deux hommes enfilent en même temps l'une des assistantes. Les autres femmes sont sur le dos, jambes écartées, disponibles, les hommes se relayent. Deux hommes soulèvent la novice et la maintiennent contre un arbre pendant qu'un troisième se place entre ses jambes.

Drogues, alcools, danses, formules magiques, sexe. L'orgie a duré plusieurs heures. Geoffroy a regardé. Pendant toute la soirée il a été en érection. Il n'a pas participé. Il a suivi la consigne du vieux. Geoffroy est un garçon solide.

Tous ne vomissent pas, quelques chanceux dorment. On les réveillera bientôt. À l'aube ils doivent lever le camp. Flamicourt se plaint d'avoir mal au ventre. Les assistantes lui mettent dans le cul une sorte de grosse pompe en métal. Elles lui font un lavement. Geoffroy a l'impression que Flamicourt apprécie ce qu'elles lui font. Geoffroy lutte contre le sommeil.

Les carrosses roulent en direction de Paris. On demande de temps à autre aux cochers de s'arrêter, on descend pour vomir, on remonte. On parle trop ou pas du tout. Le voisin de Geoffroy parle trop. Le même homme lui a parlé longuement pendant l'orgie. Il avait vomi et était venu le voir pour lui demander un médicament. Oubliant pourquoi il était venu, il s'est mis à lui raconter tout ce qui lui passait par la tête. Il lui a dit entre autres qu'il avait aperçu le diable, moitié bouc et moitié homme. Geoffroy a besoin de sommeil. Le bavard lui parle de l'une des assistantes de Flamicourt. Lors d'une autre cérémonie ils ont bu le sang de son nouveau-né, et ils ont ensuite mangé l'enfant. Il se tait quelques instants, puis il redémarre. Il commence à lui raconter l'histoire de la vie de Flamicourt. Geoffroy s'endort.

Ils sont dans une cave. Il y a des « dames de qualité ». Geoffroy a l'impression d'être avec les amies de sa mère. Parmi elles se trouve la belle comtesse d'Auffrémons. Elle ressemble un peu à sa mère. Ils évoquent les démons. Ils récitent une conjuration pour avoir les bonnes grâces du roi...

Geoffroy participe à l'orgie. Il vient de sodomiser madame la comtesse d'Auffrémons. C'était *la première sodomie*. La comtesse a droit aux caresses de deux autres hommes. Geoffroy fume. Pendant l'acte il se disait que si la comtesse n'avait pas décidé de faire appel à Astaroth et Asmodée, princes de l'amitié, pour avoir les bonnes grâces du roi, si elle ne désirait pas « obtenir des richesses et des privilèges pour elle et sa famille », il n'aurait jamais pu se trouver comme il l'était derrière elle ; il lui faisait un peu mal vu ses cris de douleur, mais il pensait à elle, il se demandait quels étaient ses rêves de femme, et quels avaient été ses rêves de jeune fille. Il rallume sa pipe. Il fait la découverte suivante : pendant une sodomie on peut réfléchir. *Grosse découverte.* Il va faire un autre câlin à la comtesse, plus gros que le précédent.

Il parle avec le vieux. Il lui raconte la dernière orgie. Il lui parle de madame la comtesse d'Auffrémons. Le vieux lui dit que la sodomie est punie de mort. Brûlé vif. Au mieux, on brûlera son corps après lui avoir tranché la tête. Même condamnation pour madame la comtesse. *Le pacte avec le diable est condamnable. Les détails comptent peu.* Geoffroy se rassure en se disant ça. Le vieux lui apprend que l'empoisonnement lent n'est pas puni. « On n'est pas condamné pour avoir détérioré la santé de quelqu'un. » Il lui suggère de se procurer un traité de justice. Prendre connaissance des lois permet de faire les bons choix.

Tournet est l'un des clients réguliers du vieux. Il a travaillé pour la dame Moran ; « une affaire importante ». Grand magicien. Les vœux de la Moran se réaliseront sans doute, mais le temps passe et elle ne voit rien venir. La Moran va le voir. Il lui dit que si elle souhaite que les choses aillent plus vite, elle doit donner sa fille au diable. La fille de la Moran a quatorze ans.

Geoffroy arrive à Rambouillet les bras chargés de sacs remplis de drogues et de médicaments. On lui dit que Tournet et son valet sont déjà arrivés. On le conduit. Ils sont dans une petite maison isolée. Trois femmes de l'entourage de la Moran, et qui connaissent également Tournet, amènent la fillette.

La fillette est toute nue. On lui demande de s'allonger. Tournet dit une messe sur son ventre, puis une deuxième, et une troisième. Tournet lui lèche le sexe pendant un long moment. Tournet la pénètre. Il va et vient. La fillette reste silencieuse, les larmes coulent.

La Voisin se rend chez Geoffroy. Elle est affolée. Il lui faut des médicaments pour arrêter le sang, d'autres pour arrêter le lait de monter, etc. Il lui faut tout. Et il doit se rendre chez elle. Elle le lui demande rarement. La cliente est issue d'une grande famille « dont il faut conserver l'honneur ». Une affaire d'adultère encore. Le mari a découvert des lettres révélant les infidélités de sa femme et s'apprête à la faire entrer dans une religion. Les choses sont allées loin. Sa femme est enceinte de cinq mois.

Il écarte un peu le rideau et regarde. Il y a la Voisin, Margot, servante de la Voisin, et la Lepère, meilleure avorteuse de Paris. On dit qu'elle a un secret pour faire avorter à n'importe quel moment de la grossesse. La Voisin la fait travailler beaucoup, mais elle ne vient pas d'habitude. Elle travaille chez elle ou se déplace chez les clientes. Elle sort une seringue remplie d'un liquide transparent. Elle se met au travail. La femme est vidée rapidement. Margot apporte un pot rempli d'eau pour procéder à l'ondoiement. La Lepère dit : « Je te baptise au nom du Père, et du Fils, et du Saint-Esprit. » Elle met l'enfant dans une boîte. La Voisin vient le voir. Elle lui demande un médicament pour empêcher le lait de monter. Il lui donne une drogue à base de mercure à appliquer sur le sein.

Il est midi. La Voisin est déjà ivre. Geoffroy est avec elle dans son cabinet. Une grande tapisserie divise le cabinet en deux. Dans la partie arrière il y a un petit four. La Voisin y brûle les corps des enfants avortés. Elle s'est aperçue quelques années plus tôt que les corps déjà bien formés pouvaient être découverts lors des fouilles, alors elle a décidé de les brûler. Mais le jardin est plein d'ossements. Les ossements datent d'une période antérieure à cette décision industrielle. Il est dangereux de les garder, il faudrait les déterrer un jour et les brûler. La Voisin écarte la tapisserie. Geoffroy sait à quoi sert le four, rien d'impressionnant, mais il aperçoit par terre un réchaud rempli de petits os qui n'ont pas fini de brûler. La Voisin est à sa droite. Il lui touche le bras un instant. Elle regarde en direction du four et lui dit y avoir brûlé entre deux-mille et trois-mille enfants. Il trouve qu'elle boit trop, et elle parle trop. *Elle est expérimentée, elle fait les choses selon les règles de son art. Elle a un grand défaut, elle boit trop.*

Les nouveaux poisons et la nouvelle posologie ont fait exploser le marché. Il n'y a plus de barrières, il suffit d'avoir de quoi payer le produit. Si l'on est un minimum prudent, on peut soi-même éliminer un parent qui vit sous le même toit. Les nobles et les riches bourgeois paient un service complet. Le marché est tenu par les alchimistes et les devineresses. Les bandes d'alchimistes produisent, vendent le produit seul ou offrent un service complet. Les devineresses ne fabriquent pas de poison. Elles l'achètent auprès des alchimistes ou elles se mettent en relation avec un artiste indépendant. Les indépendants sont des sous-traitants ponctuels ou réguliers. Parmi les indépendants il y a des artistes, distillateurs, prêtres, vendeurs, etc. Geoffroy ne fait partie d'aucune bande. Il est artiste avant tout, mais aussi distillateur et grossiste. Il conçoit, produit et vend ses poisons à d'autres professionnels. Il a de temps en temps des clients finaux. Les clients finaux ne lui achètent pas de poison, ils lui commandent un empoisonnement. Il conçoit alors le produit en fonction de la durée de la cure souhaitée, il engage un ou deux exécuteurs... Le vieux connaît de bons exécuteurs. D'habitude il se charge du recrutement et il encaisse une commission. Geoffroy a peu de clients finaux. Il n'accepte jamais de bourgeois, même riches. Ses clients sont issus des meilleures familles. Ses clients paient bien, les contrats rapportent beaucoup, mais le risque est grand. Moins risquée, la vente de poisons rapporte beaucoup également. Ses produits sont les meilleurs du marché et il les vend moins cher que ses concurrents. Et, chose appréciée par les gens « sérieux et respectables » : Geoffroy est invisible. On sait qu'il existe, on ne sait, ni qui il est, ni où il crèche, ni où il fait ses distillations. Quelques personnes bien choisies savent où le trouver ponctuellement, d'autres personnes — un deuxième cercle — savent où récupérer la marchandise. Les lieux changent sans cesse. Il vire des cercles les curieux et les bavards. Il ne montre jamais son visage. Même ses propres distillateurs ne savent rien de lui ; ils ne voient qu'un bout de visage, généralement la nuit.

Il rend régulièrement visite au vieux. Ils discutent dans l'arrière-boutique. Ils boivent un verre. Deux artistes, le numéro un et le numéro deux de Paris, concurrents directs, et ils boivent ensemble sans surveiller leur verre : l'amitié parfaite. Geoffroy a bien géré la séparation trois ans plus tôt. Il a continué à travailler pour lui toute l'année 1673, alors qu'il avait déjà son fourneau. Ils ont traité plusieurs fois la question de la séparation. Il a pris son temps. Le vieux a apprécié.

Il dispose déjà de l'argent nécessaire pour démarrer une nouvelle vie en Amérique. Il ne part pas. À Paris tout est facile. L'argent entre de toutes parts. *Les Parisiens se nourrissent de poison.* Il est euphorique. Il ne craint personne. À part le vieux, uniquement la Voisin sait des choses sur lui. Elle est mentalement robuste, elle est peu impressionnable, et elle est du genre à supporter la torture avec plus de fermeté qu'un guerrier. Et elle respecte la règle qu'il lui a imposée : quand il va la voir, elle vire son mari et sa fille, et elle envoie ses bonnes au marché.

Il boit un verre de blanc et va à l'église. Il a rendez-vous avec l'un de ses gros clients. Il est en avance. Il l'attend. Il réfléchit à ses affaires. Quatre ans dans le commerce du poison. Il a grandi vite et fort. Il a appris ce que veut dire gagner beaucoup d'argent. Il a appris que gagner de l'argent et avoir de l'argent « parce qu'on s'est uniquement donné la peine de naître » sont deux choses différentes. L'argent des parents n'a pas la même saveur. Il a appris à gérer une affaire. Très tôt, dès la deuxième année, il a été confronté à des problèmes industriels. Les commandes ont pris une telle ampleur que, pour pouvoir suivre, il a été obligé d'installer des fourneaux à trois endroits et de payer des gens pour entretenir le feu jour et nuit. Il a eu à gérer le stockage de l'argent. Le stockage a été un vrai problème, surtout la troisième année. Hors de question pour lui d'acheter de la dette. Il a eu aussi d'autres problèmes. Il a su résoudre tous les problèmes. Il gère bien son affaire. Il gagne beaucoup d'argent et il le planque bien. Il pense qu'il faut quatre ans d'expérience, au moins, pour se sentir à l'aise. Quatre ans dans le commerce du poison. Le temps passe vite.

Le client lui apprend avoir vu la veille un homme qui veut empoisonner Colbert. L'homme était allé voir Guibourg. Insatisfait, il s'était renseigné, on lui avait dit qu'il connaissait le meilleur artiste de Paris et il est venu le trouver. Geoffroy ne comprend pas. Un homme veut empoisonner Colbert. Tous les vieux amis de Fouquet ne vivent que pour tuer Colbert. Toujours la même histoire, quinze ans que ça dure. Rien de nouveau. Mais comment rester insatisfait du travail de Guibourg ? Il le connaît. Guibourg se mêle de tout, et il est entre autres artiste. Il est bon et il ne refuse aucune affaire. Avec lui on peut travailler, il est comme la Voisin. Geoffroy ne croit pas à l'histoire du *client insatisfait*. Il soupçonne quelque piège. Le sang lui monte à la tête. Il connaît par cœur les caves de Saint-Sulpice. Il y descend souvent pour réfléchir. C'est le seul endroit où le silence est parfait à toute heure de la journée. Il y a une porte que les séminaristes ne ferment jamais. Il invite le client à descendre.

« Nous serons plus tranquilles pour parler. Il y a des bougies, nous ne serons pas dans le noir. »

Il lui met le canon du pistolet dans la bouche. L'homme veut le piéger, il veut sa mort, il a le droit de se défendre, il va le tuer. Il compte lui poser une ou deux questions avant d'exercer son droit. Il veut savoir qui se cache derrière. Avant de lui poser la première question, il lui dit de ne pas bouger ; le canon risque de lui casser les dents de devant et ce serait un accident bête. Il fera *oui* ou *non* de la tête après chaque question. Geoffroy lui parle calmement. L'homme se pisse dessus. Il commence à pleurer. Geoffroy sent l'odeur. Il comprend.

« Tout va bien ! Nous sommes toujours amis. Ouvre bien la bouche. Je vais sortir le canon doucement. Tout va bien, rien de grave. Tu m'as fait douter. Je te pardonne. »

Pas de piège. Geoffroy se calme. Il lui répète qu'ils sont toujours amis. Il lui met la main sur l'épaule. L'homme pleure.

17 juillet 1676

Depuis sa capture quelques mois plus tôt « tout le peuple de Paris » parle d'elle. Marie-Madeleine d'Aubray, marquise de Brinvilliers, fille de Denys Dreux-d'Aubray, lieutenant civil de Paris, et sœur d'Antoine d'Aubray, lieutenant civil de Paris après la mort de leur père, sera exécutée vers sept heures du soir. Geoffroy sera place de Grève. Il verra une personne « de sa race » se faire exécuter pour avoir empoisonné. Elle se fera trancher la tête, son corps sera brûlé et les cendres seront jetées au vent. Si la chance tourne mal pour lui, il sera probablement exécuté dans les mêmes conditions qu'elle. On dit partout qu'elle a empoisonné son père et ses frères par vengeance. Le vieux dit qu'elle l'a fait pour leur prendre leur argent. Les gens disent ne pas comprendre qu'on puisse tuer des membres de sa famille. Geoffroy comprend. Il a été à deux doigts de tuer son oncle Philippe quand il a vu que son amitié pendant toutes les années précédant la ruine de son père était fausse. Son oncle Philippe n'est qu'un chien. Sa cousine n'était pas en peine de voir un sous-homme comme Touchet escroquer son père, au contraire... D'autres cousins se sont également mal comportés. Après la chute de son père il a appris beaucoup de choses sur leur famille. Il a évité d'entrer en conflit avec sa famille. La Brinvilliers a peut-être été en conflit avec son père et ses frères. La famille de la Brinvilliers était peut-être une famille de chiens. Mais si elle les a tués pour leur prendre leur argent, comme dit le vieux, c'est autre chose. Les sentiments ne jouent plus.

Un tueur aux gages de quelqu'un assassine pour le profit. Je pourrais dire la chose autrement. Quelqu'un qui fait mourir des gens pour le profit est un tueur. Le vieux fait empoisonner pour le profit, beaucoup d'autres gens que je connais assassinent pour le profit. Je fais la même chose. Tous ces gens sont des tueurs. Je suis un tueur.

Il peut empoisonner son oncle Philippe quand il veut, et impunément. Il ne le fait pas. Non pas qu'il lui ait pardonné, il ne croit pas en être capable. Mais le supprimer serait contraire aux règles du vieux, dont la première : *On ne tue pas sans raison valable.* La vengeance n'est pas une raison valable. Les faibles se vengent. Il pense de temps en temps à Touchet. Il pense qu'il aurait pu le laisser en vie. *La colère et la haine ont parlé.* Il considère avoir été faible. Comme tout débutant il a fait des erreurs. Depuis il a tué selon les règles. L'exécution a lieu à sept heures. Il est tôt encore. Il a un appartement rue Mâcon. Il a un athanor dans cet appartement. Des hommes surveillent le feu jour et nuit. Il ira voir si tout va bien. Il a trois autres fourneaux dans une maison du faubourg Saint-Antoine. Il n'aura pas le temps d'aller voir. Il mangera, finira d'écrire un nouveau procédé de distillation, puis il ira voir la Brinvilliers.

Les archers qui précèdent le tombereau, comme ceux qui le suivent, sont tous à cheval. L'homme qui conduit est assis sur la planche de devant, il a les pieds sur les timons. La Brinvilliers et le prêtre sont assis côte à côte, le dos contre la planche latérale. La Brinvilliers est à l'angle, son dos touche la planche de devant également. Le bourreau est debout, à côté du prêtre. Le bourreau est monsieur André Guillaume. Guillaume baise la Voisin. Geoffroy en sait long sur lui. Il l'aime bien. Guillaume est vraiment bon, il est le meilleur. Il n'est pas rare que l'exécuteur s'y prenne à trois fois pour couper une tête. Guillaume tranche du premier coup. Quand il torture quelqu'un sur la roue, il casse les genoux, les coudes, etc., du premier coup. Il travaille bien et proprement. Geoffroy l'aime bien. La Brinvilliers ne va pas souffrir, sauf accident. Elle est habillée de blanc, elle a une coiffe cornette, un bonnet. Elle a la corde au cou. Elle tient une torche allumée. Le prêtre l'aide à tenir la torche. La foule est dense devant le Palais. La foule crie toutes sortes d'insultes. La foule empêche le tombereau d'avancer. On s'arrête. Les archers ouvrent le chemin, le conducteur aide comme il peut, il donne des coups de fouet sur le peuple. On redémarre. Geoffroy arrive à avancer parallèlement au tombereau. Elle écoute son prêtre, parfois elle parle. Elle fait comme s'il n'y a personne autour. Geoffroy ne la lâche pas du regard.

Ils sont devant Notre-Dame. Il est bien placé. Il est à moins de dix pas des marches. Il pense qu'il va pouvoir entendre l'amende. Elle ne peut pas descendre seule, elle a les mains attachées. Guillaume la pose à terre comme un objet. Elle a pris la fuite en septembre 1672. Geoffroy livrait déjà des poisons, alors, lorsqu'il a entendu parler de son affaire, il a cherché à savoir s'il ne l'avait pas croisée quelque part. Coïncidence curieuse, elle habitait à l'époque rue Neuve-Saint-Paul, à quelques rues de l'hôtel de sa cousine. Le vieux, lorsqu'ils parlaient d'elle un jour, lui a dit les avoir vus plusieurs fois elle et « son galant », un nommé Gaudin, dans les locaux de Glaser situés au jardin des plantes. Pour lui, Gaudin était un vrai criminel, mais un mauvais chimiste. Il était un petit charlatan sans importance. Les gens ne le savent pas. Les gens disent que Gaudin avait composé le poison subtil qui a tué le père et les frères de la Brinvilliers. Faux. Glaser composait le poison. Gaudin se fournissait chez Glaser. Gaudin a placé des exécuteurs chez le père et les frères, mais le poison était composé par Glaser. Le vieux a insisté sur ce point, comme s'il voulait réparer une injustice faite à Glaser. Geoffroy aurait aimé connaître Glaser. Son *Traité de la chimie*, « le livre le mieux écrit », lui a donné envie de devenir chimiste. Guillaume la fait mettre à genoux. Le prêtre est derrière elle. Elle tient la torche allumée. Elle est courbée. Corde au cou. Nu-pieds. Le greffier à deux pas d'elle lit l'amende, elle répète après lui : « Je déclare que méchamment, par vengeance et pour avoir leur bien, j'ai fait empoisonner mon père, mes deux frères, et attenté à la vie de ma sœur, dont je me repens, en demande pardon à Dieu, au roi et à la Justice. »

Elle a les mains liées, elle ne peut pas monter seule dans le tombereau. Guillaume l'aide à monter, mais il semble pressé... Geoffroy trouve que c'est un triste spectacle. *Il ne faut pas en arriver là.* Il doit toujours avoir dans sa poche un petit sachet d'arsenic. Il a entendu dire qu'elle a tenté plusieurs fois de se donner la mort après son arrestation. Ayant empoisonné tant de monde, elle n'avait pas gardé un peu d'arsenic pour se tuer. Elle s'est fait prendre. Il pense qu'elle a fait trop d'erreurs. Il regarde Guillaume à côté d'elle. Le vieux lui a dit que la Voisin a aidé Guillaume à empoisonner sa première femme. *Guillaume, criminel qui sait ne pas se faire prendre, va exécuter la Brinvilliers qui n'a rien fait selon les règles.*

Elle pleure à grosses larmes. Elle regarde le crucifix. Son prêtre lui parle. Geoffroy marche parallèlement. Toutes les chambres qui donnent sur la place de Grève ont été louées. Les gens qui regardent par la fenêtre perçoivent à peine l'avancement du tombereau. Le tombereau ressemble à un îlot au milieu de la foule. On donne régulièrement des coups de fouet sur le peuple, sans quoi il est impossible d'avancer. Le tombereau n'arrive pas jusqu'à l'échafaud. La Brinvilliers fait les derniers mètres à pied tirée par Guillaume. Guillaume pose l'échelle. Les ivrognes autour insultent la Brinvilliers. Elle regarde son prêtre, et elle lui parle. Par moment les larmes roulent à grosses gouttes sur ses joues.

Elle monte à l'échafaud. Le peuple crie vengeance. Guillaume la fait mettre à genoux. Le prêtre se place à sa droite, face à l'hôtel de ville. Elle parle avec le prêtre, elle ne fait pas attention à Guillaume. Guillaume continue son programme. Il lui enlève son bonnet et sa coiffe cornette, il lui déchire ensuite le haut de la chemise et lui découvre les épaules. Elle parle avec son prêtre. Les larmes coulent indépendamment. Guillaume lui coupe les cheveux. Les gens autour jouissent du spectacle. Geoffroy est au cinquième rang. Il voit tout, il entend tout. Il pense que c'est dur ce qu'elle est en train de vivre. *Jamais il n'en arrivera là.* Il aura toujours dans sa poche un peu d'arsenic.

Le prêtre dit le Salve. Quelques spectateurs récitent avec lui.

Le prêtre dit l'oraison.

Guillaume a fini de lui couper les cheveux. Il sort un bandeau de sa poche. La Brinvilliers est surprise. Elle ne sait pas qu'elle aura les yeux bandés, alors qu'on lui a lu l'arrêt. Donc il n'y est pas fait mention. Elle est noble, elle a le droit de refuser le bandeau si l'arrêt ne l'impose pas. « Souffrir tant d'ignominie. » C'est injuste. Guillaume fait signe au prêtre de s'éloigner, le prêtre s'éloigne. Elle a le bandeau sur les yeux, elle ne voit rien, mais elle comprend. Elle se tient bien droite et attend. Geoffroy prie pour que Guillaume réussisse à abattre sa tête du premier coup. Guillaume est gaucher. La lame est côté hôtel de ville.
Un coup.
« Magnifique ! *Monsieur de Paris.* » Geoffroy le prononce. Il sait que les gens vont rester encore quelques heures. Le corps de la Brinvilliers sera brûlé et les cendres seront jetées au vent. *Les charognards resteront pour voir tout. C'est leur plus grande distraction jusqu'à la prochaine exécution.* Il part.

En marchant il fait des calculs. Ses fiches et ses diverses listes contiennent entre trois-cents et quatre-cents noms d'empoisonneurs. Paris compte quatre-cent-mille habitants. Au total, devant le Palais, devant Notre-Dame, place de Grève, dans les rues... combien de gens est-ce qu'il y avait ? Deux-cent-mille ? Cent-mille ? Donc, il devait y avoir, comme lui, entre cent et deux-cents empoisonneurs. Ils ne sont peut-être pas tous de bons tueurs, mais ils sont prudents. Pas comme la Brinvilliers. Rien ne peut calmer ses nerfs, pas même ce calcul avantageux à des gars comme lui. Il se prend pour un dur, mais il est effrayé.

Il se regarde dans le miroir. Il est blanc. Il a des cernes noirs sous les yeux. Il regarde à côté. Il se retourne, il se met dos au miroir.

Il s'allonge tout habillé sur le lit. Il se voit glisser, il tombe, et rien n'arrête sa chute, et il n'y a pas de point d'arrivée. Il a le vertige. Il fixe le plafond. Il compte les taches noires.

Il est sur le canapé. Il est calme. Il fume. Il considère sa situation avec sagesse. Quatre ans et demi à Paris. Il a pris des risques et il continue à en prendre. La chance est de son côté mais la chance tourne, la vie est faite ainsi. Il a suffisamment d'argent pour aller s'installer dans de bonnes conditions en Amérique. Il se traite de trouillard. Puis non. Ça commence à sentir mauvais. Il faut savoir partir.

Anne-Charlotte est la plus douce des filles, la plus tranquille, elle ne fait jamais de bruit, elle ne dérange jamais personne, même quand elle respire elle fait attention. Anne-Charlotte est une cousine d'Antoine. Elle a passé un mois chez lui. Elle est tombée amoureuse de Geoffroy. Elle est restée discrète. Personne n'a rien compris. Elle lui a déclaré sa flamme dans une lettre qu'il ne perdra jamais. Depuis qu'elle est retournée chez elle, elle lui écrit tous les jours. Toutes ses lettres sont belles. Ses lettres sont si belles et si bien écrites que parfois il s'allonge sur son lit et il les relit toutes. Anne-Charlotte écrit les plus belles lettres d'amour.

Geoffroy passe beaucoup de temps avec Marie-Catherine. Elle dessine bien. Elle aime faire son portrait. Il pose pour elle. Il aime ce qu'elle fait.

Marie-Catherine a cherché à l'embrasser. Il l'a repoussée. Ils ne passent plus beaucoup de temps ensemble. Il est triste. Il aimait poser pour elle. C'était bien.

Ils sont sur le canapé. Il est allongé, la tête sur les cuisses de Mathilde. Elle joue avec ses cheveux. Elle lui dit qu'elle pourrait tuer pour lui.

Il a fracturé les barreaux de fer d'une fenêtre, il a trompé la vigilance des domestiques, il est devant la porte de sa chambre. Il frappe doucement. Élisabeth ouvre. Elle est en chemise. Elle était au lit. Il peut sentir la chaleur du lit. Elle est surprise de le voir. Elle regarde à gauche et à droite, elle le tire à l'intérieur rapidement et referme derrière elle. Elle se jette à son cou. Ils s'embrassent. « Mon amour, mon amour, mon amour. » Elle prononce ces mots d'un trait. Elle l'embrasse encore. Elle a peur qu'on le trouve dans sa chambre, elle lui demande de partir. Elle ouvre la porte, elle regarde à gauche et à droite. La voie est libre. Elle le fait sortir.

Lucrèce lui dit qu'elle aime bien la Maisonnette. Elle prend deux coussins, elle les pose l'un sur l'autre sur le plancher. Elle s'allonge dessus. Les coussins sont sous le ventre et partiellement sous les cuisses. Sa poitrine touche le sol. Elle ouvre son livre devant elle. Elle lui dit qu'elle aime lire allongée avec des coussins sous le ventre. Elle lui demande s'il aime lire allongé avec des coussins sous le ventre. Elle sourit. Il comprend. Il s'approche. Il remonte sa robe lentement, et ses jupes. Il se dégage une odeur de femelle. Elle ne bouge pas.

Il fume en silence. Elle s'allonge sur lui, elle pose la tête sur son torse. Ses cheveux sont parfumés. Il sent leur parfum. Elle murmure : « Ton cœur bat à peine. » *Elle est née pour faire l'amour.* Il ne le dit pas, il ne dit rien. Il l'entoure de ses bras. Elle dit : « Nous deux ici, toute notre vie. J'écrirai des vers pour *monsieur*, et *monsieur* fera en sorte que nous ne manquions jamais de liqueurs magiques. »

Il va chez sa cousine. Il a l'impression d'être en vacances, hors Paris. D'habitude il ne sort pas de l'hôtel. *Il s'isole pour réfléchir.* Depuis quelque temps il lui rend régulièrement visite. Elle n'est pas mécontente de le voir, elle lui demande des massages. Il lui rend volontiers ce petit service. *À une époque il prenait tout mal, il était fragile.*

La cuisinière ne lui dit pas bonjour. Elle le hait, il s'en amuse. Il peut empoisonner n'importe qui impunément, mais il ne le fait pas. Il ne le fait pas « pour de faibles motifs ». Il en est fier. Le roi peut tuer ou faire tuer n'importe qui impunément, mais il ne le fait pas. Un roi doit être mentalement robuste, il est élevé dans cet esprit. Il est aussi fort qu'un roi. Il a vingt-deux ans. À vingt-trois ans le roi s'est payé la tête de Fouquet, l'homme le plus puissant de France. Geoffroy n'a pas encore vingt-trois ans. Il ouvre une bouteille de blanc et s'en va.

Il fume sa pipe et il boit un verre de blanc. Quatre ans et demi à Paris. Il faisait des plans quand il est arrivé sans trop savoir où il allait. Il n'aurait jamais imaginé gagner autant d'argent. Adieu Paris ! Il s'installera en Amérique. Il achètera des terres. Il achètera une forêt. Le territoire forestier formera une bande longue de cinq lieues et large de deux, au moins. Il y aura trois étangs, *au moins*. On y cultivera différentes espèces de poisson. Sa demeure sera belle. Elle sera entourée d'un grand parc boisé clos. Il évalue le nombre de domestiques et d'ouvriers nécessaires. Il ne gérera pas lui-même les affaires de la maison, il engagera un homme méchant. Bien sûr l'homme devra avoir peur de lui. Le soleil pénètre par toutes les fenêtres. Il regarde le grand salon autour de lui. Il aime venir là quand il n'y a personne. Il remplit sa pipe tranquillement.

Un des valets fait entrer une femme. Elle lui offre un magnifique sourire. Elle s'approche sans le quitter des yeux. Elle s'installe dans le fauteuil en face du sien. Elle lui apprend qu'elle s'appelle Hélène, qu'elle est une amie de madame de Tollières, que leurs maris étaient les meilleurs amis du monde « avant que le malheur n'arrivât », que depuis le début de la guerre, son mari étant en garnison, elle vit chez des cousines, qu'ils ont une terre près d'Orléans, qu'ils ont un hôtel dans le Marais eux aussi, mais n'ayant été habité que par des domestiques depuis des années, il est fermé pour travaux... Il n'a pas envie de discuter. Elle comprend. Elle lui dit qu'elle a une affaire pressante à terminer et lui demande la permission de quitter le salon. Elle le salue chaleureusement, et sourire aux lèvres.

Il la croise dans un couloir, elle est avec sa cousine. Sa cousine, aussi large que haute, et vieille, Hélène, grande, belle, et jeune. Sa cousine le salue platement. Hélène ressort son beau sourire et le salue en écartant les bras. La vieille dit qu'elles sont en retard.

Il regarde un gros bouquet de roses fraîchement posé sur un guéridon. Sa cousine et la belle Hélène sont allées au bal la veille. Il se dit que l'homme qui a envoyé le bouquet n'a pas perdu de temps. Hélène est derrière lui. Elle le salue. Il ne l'a pas entendue entrer, il est surpris. Il lui demande si le bouquet est pour elle. Elle lui répond que le bouquet ne peut pas lui être destiné. Elle se tait un instant puis elle ajoute qu'elle ne reçoit plus de bouquets depuis de nombreuses années. Elle prononce les derniers mots d'une petite voix. Elle lui dit qu'elle prendrait bien un chocolat avec lui dans le salon.
Ils discutent. Il comprend qu'elle veut coucher avec lui. Il ne lui dira pas *non*. Elle est grande comme Marie-Henriette, mais elle est bien plus belle. Ses cheveux sont blonds et très beaux, et son visage est parfait. Il lui donne une trentaine d'années.

Il la voit sortir avec la vieille. Il fait un tour dans sa chambre. La chambre sent son parfum. Il renifle la jupe posée sur le lit.

La veille elle l'a vu en train de masser sa cousine. Ils parlent de sa cousine. Ils parlent des bienfaits des massages. Elle lui demande de lui citer les parties du corps qu'il faut masser en priorité. Il lui explique. Elle lui demande s'il veut bien lui masser le dos. La veille elle lui a demandé de l'aider à attacher son corset. Sérieux et sage, il lui a attaché le corset. Il s'en veut tellement de ne rien avoir osé la veille qu'il ne pense qu'au baiser. Il aura Hélène dans ses bras dix minutes plus tard. Il ne le sait pas encore. Il fait semblant de lui apprendre la chimie depuis cinq jours. Rien ne vient naturellement. Il est nerveux. Les choses sont devenues sérieuses. Il lui masse le dos. Il bande depuis dix minutes. Elle se lève brusquement, elle lui dit qu'elle arrête. « Nous sommes ensemble depuis des jours, et... » Elle lui dit qu'elle comprend. Elle a trente-cinq ans, il est si jeune, elle comprend, cela ne va pas. Il lui dit qu'elle peut lui demander ce qu'elle veut. Elle attend qu'il l'embrasse,... il lui répète la phrase. *La phrase gagnante.* Bon. Ils s'embrassent. Notre garçon se déchaîne. Ils se retrouvent sur le tapis. « Non, pas ici! On va nous surprendre! Pas ici, pas maintenant... cette nuit. Dans ma chambre, cette nuit... Pas ici... » Les femmes parlent comme ça quand elles paniquent. Elles promettent des trucs et tout. C'est très beau. Mais elles ne tiennent pas toujours parole. Parfois elles disent : « Tu n'es pas naïf à ce point. Tu n'as pas vraiment cru que... » Il arrête.

Minuit. Il frappe à sa porte, elle lui ouvre. Ils le font une fois, puis une deuxième fois. Ils vont le faire trois, cinq, huit, treize, vingt-et-un, trente-quatre, cinquante-cinq fois... non, plus,... ils vont le faire quatorze millions neuf-cent-trente-mille-trois-cent-cinquante-deux fois... Ils vont le faire au moins trois fois, parce qu'il se met à l'œuvre. Elle lui explique, avec tact, que c'est assez, qu'il faut dormir. Il retourne dans sa chambre. Il prépare une pipe et se couche.

Elle frappe doucement à sa porte et entre dans la chambre avant qu'il ait le temps de parler. Elle sourit. Elle pose l'index sur ses lèvres. Elle lui fait signe de ne pas bouger. Elle éteint la torche près du lit. Il pose sa pipe sur la chaise. *Il aura sa troisième fois.*

C'était doux, et ça a duré un siècle. Il s'est endormi à l'instant même où elle a quitté la chambre. Le lendemain matin, vers dix heures, elle y est retournée. Il dormait encore. Elle lui a posé un baiser sur chaque paupière, il s'est réveillé.

Dans le salon le soir ils sont parfaits. Hélène est polie avec Geoffroy mais elle ne fait pas tellement attention à lui. Elle parle avec madame de Tollières ; elle parle de son mari de passage à Maastricht ; *elle est soucieuse* ; elle parle de leur retour à Paris ; elle n'en peut plus des travaux... Geoffroy devient antipathique ; le gars qui s'ennuie à mourir et qui n'adresse la parole à personne. Ce rôle est facile pour lui. Ils sont tellement bons comédiens, qu'il est difficile d'imaginer qu'ils vont passer une partie de la nuit nus dans le même lit.

Il gagne la chambre d'Hélène sur la pointe des pieds. Il fait attention dans la dernière galerie. La cuisinière est la seule des domestiques qui ne loge pas sous les combles, mais dans une piaule pas loin de la chambre d'Hélène. Il est sûr qu'elle ne dort jamais. *Elle est comme un chien qui reconnaîtrait sans problème tout bruit anormal.*

Son mari ne la touche plus depuis dix ans. « Rien depuis dix ans. » Elle prononce ces mots à mi-voix. Elle paraît absente, le regard dans le vide. Il lui demande pourquoi elle n'a pas pris d'amants. Elle est belle, elle peut avoir tous les hommes qu'elle veut.
« D'autres hommes... Je n'en suis pas capable... *Ce néanmoins*, je progresse... »

« Une fois... Jamais cela n'a été plus. Alors, un certain jeune homme, une certaine nuit, m'a déstabilisée un peu. Mais depuis je m'y suis habituée voyons... »

Elle glisse,... doucement... Quand elle se met sur lui le temps s'arrête.
Fini les amourettes ; il pilonne fort.

Paris est magnifique en septembre. Geoffroy a loué un carrosse élégant à quatre chevaux avec cocher et laquais. Le cocher les a déposés rue de Condé et les a attendus. Ils se sont promenés au Luxembourg. À la foire près du Luxembourg ils ont acheté des babioles. Ils ne sont pas descendus du carrosse au Cours-la-Reine. Arrivés aux abords du Pont-Neuf, ils ont marché un peu. Avant de rentrer, ils sont passés devant l'hôtel de Rochelasnier, elle lui a montré le portail.

Ils ont couru s'enfermer dans la chambre. Ils ont bu du vin, ils ont fumé, ils ont discuté, ils se sont câlinés, ils ont baisé, c'était trop bien, ils ont recommencé.

Ils sont allongés sur le parquet, il lui raconte des histoires.

Hélène passe parfois la nuit dans la chambre de Geoffroy. Elle se comporte comme si elle n'est pas mariée et comme s'il n'y a personne autour d'eux. Les domestiques peuvent parler. Il y a surtout à l'hôtel sa propre suivante. Geoffroy est inquiet. Un de ses clients a fait à sa femme un procès « pour cause d'adultère ». Il n'a rien pu prouver, mais il était certain que sa femme lui était infidèle. Il l'a alors empoisonnée. Geoffroy a appris à cette occasion que l'adultère est sévèrement puni. Lorsque le mari surprend en flagrant délit les amants, il peut les tuer et obtenir facilement des lettres de grâce. S'il intente un procès à sa femme, et si elle est convaincue d'adultère, elle peut être *authentiquée*, donc enfermée dans un couvent, déchue de sa dot, etc. L'amant peut être banni ou envoyé aux galères. Il n'a pas peur pour lui-même, mais pour Hélène. Sa cousine peut tenter de la faire chanter.

Il se trompe à propos de sa cousine. Il a la tête ailleurs, il est trop distrait pour remarquer que depuis le début de sa relation avec Hélène, elle part de l'hôtel au milieu de la matinée et ne revient que le soir. Elle a tout appris dès les premiers jours. Elle ne fera aucun chantage à personne. Elle pense que « ces deux-là » sont devenus fous. Elle s'absente toute la journée pour ne pas les perturber, et, surtout, pour pouvoir dire qu'elle n'était pas au courant quand le mari l'apprendra. Pour elle le mari l'apprendra dès son retour, c'est une certitude.

Elle lui demande de lui faire un massage. Le massage est un prétexte. Elle lui parle d'Hélène. Elle lui dit que Hélène ne peut pas avoir d'enfants. Elle lui parle de son mari. Elle lui dit qu'il est un homme rude. Il commence à être un vieillard, mais cela ne change rien. Il est redoutable. Et, chose importante, il est apprécié du roi.

Tout a une fin. Hélène s'en va. Ses bagages sont bouclés. Il n'est pas sorti de sa chambre de la matinée. Elle lui apporte une boîte à tabac. Elle lui dit avoir la même, achetée au même endroit. En ouvrant la boîte elle pensera à lui. Elle lui donne son adresse. Il peut lui écrire s'il le souhaite. Elle lui remet une lettre cachetée. Elle a écrit :

Un jour tu te marieras, et je dois rester pour toi un tout petit point insignifiant. Crois-moi, ma vie n'a été qu'une longue guerre, pas une nuit je n'ai pu dormir tranquille. Pèse les choses et réfléchis bien, toujours, à ce que tu fais. Tu es très jeune pour être considéré comme mature. Apprends toujours de tes erreurs.

Je ne peux pas t'écrire beaucoup, car cela est sans fin.

Pense sérieusement à ton avenir.

H.R.

(le temps passe, et tout se meurt)
– Était-ce deux peaux qui se touchent ?
– Ou de la curiosité ?
– Quoi ?

Il ne devra lire la lettre qu'après son départ. Elle le prie de ne pas l'ouvrir.

« Tu m'as dit une fois que je n'ai pas eu de chance. Tu ne sais pas à quel point cela est juste. Il est vrai que je n'ai pas eu de chance dans ma vie. Et le "pas de chance" dans ta phrase m'a fait pleurer cette nuit-là dans mon lit. »

Il ne sait pas de quoi elle parle. Il n'a jamais voulu la blesser. Elle continue : « Ne joue pas avec ta vie. » Il pense qu'elle devient trop sérieuse. Il la prie d'arrêter. Il s'assoit sur le lit. Il s'allonge. Il bande comme chaque fois qu'il est dans un endroit privé avec elle. Il lui demande de se mettre sur lui. « Mais c'est la principale de tes préoccupations, jeune homme ! » Pendant qu'elle prononce ces mots elle relève un peu sa robe. Elle vire une jupe. L'autre jupe est ample comme la robe. Elle s'assoit sur lui. Elle étale bien sa robe autour d'elle. Tout étant comme il faut, elle reprend là où elle s'est arrêtée. Elle lui dit des tas de trucs sérieux. Elle parle et bouge un peu de temps en temps. Tranquille, il fait semblant de l'écouter. « Tu es plutôt doux quand tu veux, nous nous embrassons tout le temps, mais tu es assez avare de paroles. — Qu'est-ce que tu attends de moi, que j'écrive des vers pour toi ? » Elle éclate de rire. Elle fait semblant de se fâcher. Elle lui dit que puisqu'il se moque d'elle, elle n'a pas à rester assise sur sa « chose ». Elle a eu du mal à se dégager un instant, mais elle a réussi. Il n'a pas eu le temps de comprendre. « Non, reste ! » Trop tard. Elle est déjà au milieu de la chambre. Elle regarde sa bite et elle sourit. « Et prends soin de cette chose, parce que toujours dressée, jamais au repos, ce n'est pas normal ! » Il se lève, il la tire vers le lit sans lui demander son avis, elle ne proteste pas.

Ils sont sur le seuil de la porte. Il lui dit qu'il ne descendra pas dans la cour toute à l'heure. Il y aura sa cousine, les domestiques... Elle est d'accord. Ils s'embrassent. Elle fait quelques pas, elle revient. Ils s'embrassent encore. *Un drame bourgeois.* Hélène est forte, il sait qu'elle n'est pas comme ça. Il cherche mieux. C'est autre chose. *Elle est comme quelqu'un qui doit retourner en prison.* Geoffroy est un garçon qui comprend vite. Il la regarde dans les yeux. Ses yeux sont bleus et absolument beaux. Ses yeux sont bordés de larmes. Elle tente de sourire. Une grosse larme descend. Elle n'y fait pas attention.

« Cette fois je m'en vais. »
C'est Elle.

Hélène n'a pas connu son père. Il s'est fait tuer peu avant sa naissance. Sa mère ne s'en est jamais remise. Elle ne s'est pas remariée. Hélène, l'unique héritière du patrimoine familial, dès l'âge de quatorze ans a été assaillie par une foule de prétendants. Sa mère a fini par céder. Hélène n'avait pas seize ans quand sa mère a accepté de la donner en mariage au comte de Rochelasnier. Il était de haute naissance, il jouissait d'une fortune considérable. Sa mère pensait sincèrement qu'il n'était pas intéressé par l'argent. Elle lui a dit qu'il était tombé amoureux d'elle. Hélène l'avait croisé quelques fois dans le salon de sa mère. Il avait quarante-quatre ans. Il était plus âgé que sa mère.

Grand mariage.

« La première nuit de noces » a eu lieu avant le début des festivités. Son mari est entré dans sa chambre. Il l'a placée au milieu de la pièce, il lui a ôté la chemise. Elle s'est trouvée pour la première fois nue devant un homme. Elle regardait par terre. Elle tremblotait. Il l'a prise par la main et l'a conduite vers le lit. Il ne s'est pas déshabillé. Il s'est mis sur elle, il a baissé un peu sa culotte et l'a pénétrée. Deux minutes.

Son mari n'était pas intéressé par son argent, mais il n'était pas amoureux d'elle. Elle était de haute naissance, jeune et en bonne santé. Elle devait lui donner des garçons. Huit ans plus tard, il n'y avait toujours pas d'héritier. Elle ne pouvait pas avoir d'enfants. Son mari ne l'a pas répudiée, mais il s'arrangeait pour être présent le moins possible. Il partait à la guerre, il revenait, il repartait, il revenait... Ce rituel durait depuis dix ans.

Madame de Tollières, quand elle l'avait invitée à passer quelques semaines chez elle, ne lui avait pas parlé de la présence de Geoffroy à l'hôtel. Elle ne s'attendait pas à le trouver dans le salon le premier jour. Il l'a regardée avec ses grands yeux noirs. Son regard n'était pas amical. Aucune importance, il pouvait faire ce qu'il voulait, elle était déjà amoureuse. Elle a couru voir madame de Tollières. Madame de Tollières lui a parlé de lui. Elle a précisé qu'il avait un sale caractère. *Pas grave, pas grave.* Hélène était certaine de le croiser le soir avant de sortir. Elle était joyeuse. Le lendemain elle s'est levée deux heures plus tôt. Lorsqu'elle est arrivée dans le salon elle donnait l'impression qu'elle s'était habillée pour le bal.

L'histoire avec « ce garçon beaucoup trop jeune » ne pouvait être que temporaire. Elle resterait trois semaines à Paris, l'histoire durerait trois semaines. Elle n'a pas beaucoup pensé à son mari. Elle a pensé à lui pendant cinq minutes le premier jour. Elle s'est dit que, au pire, il l'apprendrait et il la tuerait. Elle estimait que sa vie ne valait rien, donc elle ne perdrait rien.

 L'histoire ne s'est pas terminée à Paris. Geoffroy ne la lâche plus. Elle est heureuse quand elle est avec lui, mais seule dans sa chambre la nuit elle est anxieuse. Son mari a des espions partout. Il l'apprendra. Elle n'a pas peur pour elle-même, elle a peur pour Geoffroy. Son mari le provoquera en duel et le tuera. Elle fait des cauchemars. Elle a demandé un pistolet à l'armurier du château. Si son mari s'approche de Geoffroy de quelque manière que ce soit, elle pourrait le tuer et se tuer ensuite. Elle n'est pas sûre de réussir, elle ne sait pas tirer, elle ne sait même pas si au dernier moment elle sera capable de tirer. Tuer quelqu'un n'est pas aussi facile qu'on le croit. Elle est anxieuse.

Mai. Soleil. Hélène est allongée sur l'herbe. Elle est sur le dos. Son bas de jupe couvre entièrement ses jambes, son haut de jupe est relevé jusqu'à la poitrine. Son ventre est nu. Elle a les jambes écartées sous sa jupe large. Sa poitrine est sur les cuisses d'Hélène, ses coudes sont enfoncés dans l'herbe à l'extérieur des cuisses. Il dessine des cercles invisibles autour de son nombril. Il le fait avec sa langue.

Il est sur le dos, la tête sur ses cuisses. Ils semblent dormir. Elle se met en position assise. Il est couché sur le flanc, appuyé sur son coude. Il regarde son dos. Il est sur elle, ils sont immobiles. Il glisse à sa droite, il laisse sa jambe sur les siennes, son bras sur ses seins.

Elle retient le souffle un instant. Son ventre est creux. Elle frémit. Elle rit ; un rire court. Elle émet de petits gémissements hachés. Elle écarte un peu plus ses jambes. Il pose les lèvres sur sa peau. Elle renverse la tête en arrière. Il renifle son visage. Il enfouit le nez dans ses cheveux, il respire fort. Il renifle encore sa peau, et son duvet se dresse. Il pose la main sur son ventre, puis doucement il la fait glisser plus bas, sous la jupe. Il place les doigts comme il faut. Il la sent se resserrer autour des doigts. Il a une belle poupée qu'il aime beaucoup.

Le soleil descend tranquillement. Le ciel est rose. Soixante-trois millions deux-cent-quarante-cinq-mille-neuf-cent-quatre-vingt-six oiseaux gais s'échappent des vieux arbres autour, filent jusqu'à la rivière et reviennent. Ils sont assis, elle est entre ses jambes. Il s'occupe un peu d'elle. Il lui enlève quelques brins d'herbe accrochés à son haut de jupe. Il lui range les cheveux. Il lui fait un bisou dans le cou, un autre sur la tempe. Il l'entoure de ses bras.

« Je ne peux pas avoir d'enfants. »

Il a loué une maison à Orléans. La maison est à mi-chemin entre la cathédrale et la rivière. Un coin discret et calme. Il ne lui rend pas visite dans sa campagne. Il faut se méfier des domestiques. Les domestiques parlent.

Quand elle lui écrit que son mari est toujours loin, il comprend ce qu'il a envie de comprendre. Il bande, il se branle, il se prépare, il quitte Paris pour aller à Orléans. Il lui écrit, elle demande à son cocher de l'emmener *voir ses amies* à Orléans.

Son hôtel du Marais étant enfin habitable, Hélène s'est transférée à Paris. Il passe par-dessus le mur, traverse le jardin, grimpe jusqu'au petit balcon à l'étage. Elle l'appelle *Gros-Chat*. Elle rit chaque fois qu'elle le voit entrer comme un voleur dans sa chambre. Elle ne sait pas qu'il a fait ça toute sa vie. Il ne le lui dit pas, *il ne faut pas tout dire.*

Elle lui dit de temps en temps qu'il était plus facile pour eux de se voir à Orléans. Elle est nostalgique.

Son père a été gracié. Le roi lui a restitué huit millions de livres. Il est redevenu le fils et l'unique héritier d'un homme riche. Son père cherche pour lui une charge de conseiller au Parlement. Il a refusé de rentrer, on cherche une charge pour lui. Il est sûr que son père ne sait pas ce que c'est une charge de conseiller au Parlement — il pense toujours que son père est un débile. L'ordre de rentrer, la charge, tout est l'œuvre de sa mère. Elle croit pouvoir décider à sa place. Elle ne sait pas que le garçon de dix-sept ans n'existe plus. La question de rentrer ne se pose d'aucune manière, il pense qu'ils l'ont compris. Quant à la charge de conseiller, il ne dit rien. Aucune importance. Il n'a pas envie de se battre. Indépendamment, il estime que la grâce est une bonne chose. Il peut avoir une vie légale, un revenu légal, etc. Vivre caché c'est excitant mais fatiguant. Sept longues années dans l'errance c'est assez.

Il ne savait pas, *avant la grâce*, que son père avait un patrimoine de huit millions de livres. C'est beaucoup d'argent. Un patrimoine de huit millions, bien géré, rapporte cinq-cent-mille par an. C'est trop. Un tel revenu ne sert à rien, à moins d'avoir une armée à entretenir. Entre 1672 et 1676, *en travaillant*, il a gagné deux-cent-mille livres environ. Il peut acheter une seigneurie qui rapporte treize-mille livres par an, le double du revenu d'un conseiller au Parlement. Confortable mais pas suffisant pour dormir tranquille. Ça demande une gestion active. Il est certain que sans avoir eu à travailler, sans avoir eu à calculer, il serait resté crétin, à peine moins crétin que son père. Il sait aussi que jamais en travaillant, même dans le commerce du poison, il ne pourra gagner huit millions. Le jour où il a appris que son père avait obtenu sa grâce, il a noté deux choses. La première : « Il faut tomber au moins une fois pour être capable d'apprécier l'argent à sa vraie valeur. » Et la deuxième : « Se débrouiller seul est nécessaire, ne pas avoir à penser à l'argent l'est également. »

Il l'aide à nettoyer ses cheveux. Il lui pose de la pommade de Florence. Il commence à lui caresser le sein. Elle lui demande d'arrêter. Il n'arrête pas. Il lui dit qu'il est incapable d'arrêter de caresser un sein pareil qui lui est à portée de main. Elle se redresse et se retourne.

« Quand nous étions chez madame de Tollières, est-ce que tu te souviens du jour où je t'ai demandé de m'aider à attacher mon corset ?
— Oui.
— Ce sein tu l'avais à portée de main, tu n'as rien fait.
— C'est normal, je travaillais *madame*.
— Eh bien maintenant fais pareil, dis-toi que tu travailles.
— Je ne peux pas *madame*, je ne peux pas renoncer au droit que j'ai sur ce sein. »

Elle part fermer la porte de la chambre à clé. Il vire sa rhingrave et s'assoit sur la chaise qu'elle occupait. Il bande fort. Elle s'arrête au milieu de la pièce. Elle regarde sa bite. Elle remonte un peu sa longue chemise, elle pince la *secrète,* la pousse jusqu'aux chevilles. Elle s'assoit sur lui. Bien installée, elle reprend la conversation là où ils se sont arrêtés : « Est-il vrai que quand tu t'occupais de mon corset tu n'as eu aucune pensée impure ni aucun désir de commettre le péché auquel tu pensais ?

— On dirait abbé Baudet. »

Elle imite une voix d'homme : « Réponds scélérat pécheur ! Vrai ou faux ?

— Vrai.

— Menteur ! Tu es le plus malicieux des hommes, tu mérites d'être maltraité, d'être torturé sur la roue, d'être lapidé ! Pense au feu dévorant !

— J'avoue mes fautes mon père. Je suis tourmenté. Oh ! pitié, mon père ! J'ai honte. Où puis-je me cacher ? Frappe-moi, mon père !

— Je pense que tu es un bon comédien, mais ton jeu est un peu exagéré. Attends, on le refait... »

Elle se maquille. Elle lui dit que son mari rentre. *Le jeu est fini, ils doivent s'en tenir là. C'est certainement ce qu'elle aurait voulu ajouter, mais elle ne l'a pas fait pour ne pas le vexer.* Il sait que ça n'est pas vrai. Il prend plaisir à se raconter des mensonges. D'accord rien n'est fini, mais le mari rentre.

« Quand est-ce qu'il rentre ?

— Il rentre en mars. »

Il sort. Il passe devant l'hôtel de sa cousine sans s'arrêter. Il marche jusqu'à la place Royale. Il reste un long moment debout immobile. Il n'arrive pas à réfléchir. Il descend jusqu'à la rivière. Pour la première fois le mari *existe réellement.* Même s'il ne la touche plus depuis dix ans, il ne va pas laisser sa femme faire ce qu'elle veut. Il marche jusqu'à la place de Grève.

Le mari est l'ennemi. L'ennemi est un colonel qui revient du front couvert de gloire. Ce n'est pas une petite affaire. Il ne se sent pas fatigué, il continue vers l'ouest. Il va jusqu'au pont Royal. Il s'assoit. Il regarde les petits bateaux chargés de marchandises. Le mari ne la touche pas depuis dix ans, mais il a peut-être changé d'avis. Comment accepter que Hélène couche avec son mari ? Ce sera le mari ou lui. Il a deux mois pour trouver une solution.

Il parle avec le vieux. *C'est sérieux.* Il lui dit qui il est. Il lui raconte toute son histoire. Puis il lui parle du *problème*, et lui dit à quel point il va mal. « Mais c'est l'amour mon garçon ! D'habitude on tourne en rond et on va mal parce qu'on ne voit pas le problème. » Le vieux lui explique. L'amour est une maladie. Il n'y a pas de médicaments. Heureusement l'amour disparaît un jour tout seul. Donc il ne faut pas se battre contre cette maladie, il faut subir et attendre que le temps passe. Geoffroy lui dit qu'il a vécu entouré de filles, qu'il a aimé, et que cette fois c'est différent et c'est fort.

« On peut tomber amoureux plusieurs fois mon garçon. Moi-même je ne suis tombé amoureux qu'une fois, mais les gens sont différents. »

Le vieux réfléchit un peu. Il lui dit qu'il n'a pas un seul problème, il en a deux. Le deuxième problème est le mari. Le vieux vient de comprendre quel est le *vrai* problème. Pour leur éviter de perdre du temps, il évoque l'empoisonnement du mari. Geoffroy lui dit qu'il ne peut pas. La passion n'est pas une raison valable. Ils discutent. Le vieux le fera pour lui. Ce sera un contrat comme un autre.

« Une dernière précision. Est-ce qu'elle serait d'accord ?

— Elle ne doit jamais le savoir. Elle est la personne la plus pure et la plus honnête qui soit. Jamais elle ne le permettrait. »

Le vieux a bien entendu : « La personne la plus pure et la plus honnête... » Il se dit qu'il doit faire vite. Le petit ne va pas bien.

La charge de conseiller, dont son père avait commencé à négocier le prix dès l'été 1677, juste après lui en avoir parlé, et sans lui avoir demandé son avis, a été achetée. Geoffroy n'a pas fait de vagues.

Le vieux réussira son coup. Depuis 1672 il n'a rien raté. Il n'a certainement jamais rien raté. Si le mari rentre comme prévu en mars, au plus tard vers la fin de l'été il sera mort et enterré.

Le vieux s'est mis au travail dès le lendemain de leur discussion. Comme il voulait les meilleurs exécuteurs, il a mis un peu de temps, mais il a fini par avoir ceux qu'il voulait, une fille et un garçon ; jeunes, insoupçonnables, habiles, ayant déjà travaillé pour lui... Ils se sont présentés à l'hôtel de Rochelasnier tour à tour pour demander du travail. On n'avait pas besoin de jardinier donc le garçon n'a pas été retenu. La fille a été engagée comme servante. Le mari est arrivé en mars. L'exécutrice a initié la cure début avril. Tout s'est bien passé, le mari est mort fin juin. Le médecin et le chirurgien qui ont ouvert le corps ont noté dans le rapport d'autopsie : « La poitrine et le cœur sont dans leur état naturel, [...] l'estomac est noir, mais en bon état [...] Le jéjunum est ulcéré. De là provient la grande quantité de pus trouvée dans le ventre parmi les intestins [...] » Ils ont conclu que la mort était due à l'ulcère et à la grande quantité de pus. « Ces dérèglements sont le résultat d'un long déplacement récent hors du royaume ou de quelque effort violent. »

Geoffroy a apporté une bouteille de vin. Il a apporté aussi dix-mille livres. Bon travail, proprement exécuté. Ils discutent dans l'arrière-boutique. Geoffroy laissera Hélène *finir son deuil* et la demandera en mariage. Le vieux est content de l'apprendre, il le félicite. Il n'accepte pas son argent. Cadeau de mariage.

Marie Bosse, empoisonneuse, dîne chez son amie Marie Vigoureux, autre empoisonneuse. La Bosse, ivre, raconte que trois empoisonnements à faire encore et elle se retire. Elles ne sont pas seules. Un petit avocat qui fait la cour sans grand succès à la nièce de la Vigoureux est présent.

L'avocat, que certains peuvent qualifier de rat, les a dénoncées. La Vigoureux et la Bosse ont été arrêtées le 4 janvier 1679. Janvier, février, mars, interrogatoire après interrogatoire, la Bosse et la Vigoureux ont raconté des choses et ont donné des noms. Arrestations, interrogatoires, confrontations, d'autres arrestations, et La Reynie a eu encore des noms, beaucoup de noms; commanditaires, apporteurs d'affaires, artistes, distillateurs, sous-traitants; Grange, Boucher, Fequières, Belot, Poulaillon, Launay, Faure, Philbert, Girault, Robert, Nail, Chamois, Sablonnière, Faurye, Collart, Lapalme, Hermite, Roussel, Porcher, Gaultier, Termes, Blessis, Vautier, Brissac, Villars, Monfort, Leroux, Valentinay, Chéron, Roize, Thibault, Darsis,

Picquet, Ménard, Bergeron, Monasco, Ferry, Lottinet, Martinet...

Le curé de Launay et demoiselle de la Grange ont été condamnés à mort le 4 février. Les exécutions ont commencé.

Un mois et demi après l'arrestation de la Bosse et de la Vigoureux, le 18 février précisément, il a été parlé pour la première fois de Lesage et de la Voisin. C'est la Vigoureux qui a lâché.

Le vieux a un ami greffier. La nouvelle de l'arrestation de la Bosse et de la Vigoureux en janvier lui est parvenue le soir même. Depuis ce jour-là, le vieux achète à son ami les interrogatoires de tous ceux qui se font arrêter pour empoisonnement. Chaque copie lui coûte dix livres. C'est une dépense nécessaire.

Le vieux et Geoffroy se voient quotidiennement. Ils lisent ensemble les interrogatoires. Geoffroy consulte ses listes et met une croix sur chaque personne mentionnée. Le nombre des croix augmente jour après jour. Aucune mauvaise nouvelle pour eux, à part l'arrestation de la Voisin et de Lesage. Si la Voisin parle, il peut y avoir un décret de prise de corps contre eux. S'ils se font arrêter, elle peut les identifier. Lesage n'a jamais vu le vieux, mais il a vu une fois Geoffroy. Donc il peut l'identifier également.

Il attend le vieux. Il fume. Il fume beaucoup depuis quelque temps. Il a cousu lui-même à l'intérieur de chaque vêtement une poche secrète. Il y met un petit sachet d'arsenic. On ne le prendra pas vivant. Le jour de l'arrestation de la Voisin a été un mauvais jour. Le vieux lui a dit de se tenir prêt à partir. Lui-même ne ferait rien, il se laisserait prendre, parce qu'il était malade, il était trop faible pour supporter les longs voyages. Il se dit que la chance a fini par tourner. Il a arrêté le commerce du poison depuis l'été 1676, il a une vie légale, il a Hélène, et il faut repartir de zéro. Il pense à Hélène. Il ne supporte pas l'idée qu'on puisse l'accuser comme complice et qu'on la maltraite. Est-ce qu'il devra la tuer avant de prendre la fuite ? Il ne croit pas en être capable. Si les choses tournent mal, il devra tout lui raconter au dernier moment et la convaincre de le suivre. Il ne sait pas. Il ne sait plus rien. Il est fatigué. Il est fatigué dès qu'il se lève le matin et pendant toute la journée.

La Bosse parle de l'Auteur. Elle parle de l'incident de Passy. La Bosse sait ce qu'il s'est passé, mais elle confond le vieux avec Geoffroy.

L'Incident de Passy

La sénéchale de Rennes, cliente de la Voisin, avait demandé à voir Geoffroy. La Voisin l'a emmenée dans son quartier. Il s'est caché. La sénéchale ayant insisté, elles y sont retournées quelques jours plus tard. Il était hors de question pour lui de voir la sénéchale. La sénéchale partie, il a mis une raclée à la Voisin. Il lui a demandé avant de la laisser partir si elle comptait continuer à parler de lui à ses clients.

Fin de *L'Incident de Passy*

Geoffroy relit l'interrogatoire. La Bosse dit ne pas croire à ce que la Voisin lui racontait à propos de l'Auteur. Geoffroy a souligné :

> « [...] Le but de l'auteur n'était point la fixation du mercure, ainsi que le dit la Voisin, mais son but était autre chose, et disait qu'il avait un esprit et la connaissance des génies [...] »

La Bosse dit croire que c'est la Vautier qui a donné connaissance à la Voisin du Grand Auteur :

> « [...] La Vautier, qui avait donné à la Voisin la connaissance du grand auteur, demeure à l'entrée du faubourg Saint-Martin, à main droite, chez un tonnelier, et a mené l'auteur, qui se faisait appeler lors du nom de Regnard, chez elle Bosse qui demeurait dans le Marais, et elle fit en ce temps-là parler l'auteur à la dame de Saint-Martin, lors femme de chambre de Madame et qui demeurait sur le quai des Célestins, à une grande porte cochère. [...] »

Vautier *confirme* :

> « [...] Regnard, tailleur de pierre, autrement la Tour ou de Titreville, est le grand auteur de la Voisin [...] »

Regnard existe vraiment, Geoffroy a entendu parler de lui. Il a noté son nom quelque part. Si Regnard, qui se surnomme apparemment Auteur ou Grand Auteur, se fait arrêter, la police n'aura plus à chercher. Regnard payera pour eux.

La confrontation de la Philbert avec la Voisin les amuse. La Voisin a dit à la Philbert :

> « [...] Demeure d'accord de lui avoir dit ce qu'elle dit d'un prétendu prince italien, et c'est un homme qui s'appelait l'Auteur, et quand il parlait, il ne voulait jamais avoir de témoins et voulait toujours être seul, et lorsqu'elle lui a donné son argent ils étaient tous deux seuls, et il a eu tant d'elle Voisin que d'autres de sa connaissance plus de 8 000 livres [...] »

Un autre auteur qui n'est pas le même auteur, alors qu'ils ont la même façon d'opérer. Geoffroy pense que la Voisin parle de Vanens. Il le dit au vieux. Ils le connaissent bien. Vanens, alchimiste, faux-monnayeur et empoisonneur, est en prison depuis un an. On raconte que le duc de Savoie est mort en 1675 après avoir avalé du poison composé par Vanens. La police n'a ni preuves ni aveux, mais il dort en prison.

Les dépositions de Lesage n'amusent pas Geoffroy. Lesage est celui qui parle le plus. Il parle de la collaboration de la Voisin avec l'Auteur, en 1675, quand le roi était parti à la frontière. Ils travaillaient pour le compte de madame de Montespan. Il déclare avoir vu une fois l'Auteur... Geoffroy a piqué une crise un jour. Il s'en veut de ne pas l'avoir tué quelques années plus tôt. La Voisin se plaignait de Lesage à l'époque. Geoffroy lui a suggéré une fois de l'empoisonner. Pas de cure longue et coûteuse, une bonne dose, rien d'autre. On aurait vu que le singe avait été empoisonné. Qui aurait porté plainte ? Qui aurait fait un procès ? Il n'a pas de famille à Paris, pas de proches. La Voisin ne l'a pas fait. Il aurait dû s'en charger. Il va le tuer à mains nues si à tous hasards un jour il l'a devant lui.

La Voisin n'a jamais su son vrai nom, mais elle a toujours su où il habitait à l'époque. On comprend en lisant les interrogatoires qu'elle n'a jamais rien dit de précis ni à la Bosse ni aux autres à propos du vieux. Et elle ne leur a jamais parlé de Geoffroy. Lesage, la Bosse et les autres ne savent rien. Le vieux s'amuse autant que Geoffroy. Il lui dit : « La Voisin fait croire que nous sommes une seule personne. Peut-être qu'elle dit vrai après tout. » Geoffroy lui montre comment la Voisin mélange le vrai avec le faux, comment elle fabrique une histoire qu'elle vend ensuite à La Reynie. Il lit à voix haute :

> « [...] et l'auteur se faisait appeler du nom de Latour et d'un autre nom, ou Sertouville ou d'Ineville, dans un cabaret et dans le logis du pâtissier qui le nourrissait et où il a été longtemps, et ce pâtissier est attenant la maison de mademoiselle Hénault ; mais elle n'a jamais su où l'auteur logeait à Paris, et lorsqu'elle lui donnait ou qu'il lui portait quelque chose, c'était ou dans l'église ou dans des cabarets, ou dans ces petites rues par où l'on va à Montmartre. »

La Voisin vient d'être brûlée vive. Il a assisté à l'exécution. Il marche depuis une heure. Plus personne ne pourra rien contre eux. Ils ont une dette envers la Voisin. Il avait vu juste, la Voisin était une femme robuste. Elle n'a jamais parlé d'eux aux magistrats. Même sur le bûcher elle a tenu. Elle aurait pu tenter de sauver sa peau. Elle aurait pu négocier, elle aurait pu abattre sa carte maîtresse : elle aurait pu prononcer le nom de son illustre cliente, madame de Montespan. Il sait que la Montespan a empoisonné. Le vieux lui a dit que Guibourg l'a vue nue bien avant le roi, que sur son ventre nu ont été dit des messes noires, que des enfants ont été sacrifiés pour elle, que des enfants ont été vidés de leur sang. S'il se fait prendre, il ne dira rien. Mais il ne se laissera pas prendre, il mourra avant. Il pense que les affaires iraient mieux si tous les tueurs étaient comme la Voisin.

Elle repose sous un sépulcre en marbre blanc près de la sacristie. Il lui rend visite tous les jours.

Elle est morte en 1720. Un jour de septembre. Il a pensé qu'il ne lui survivrait pas longtemps. La douleur était atroce. Il s'est isolé pendant quelques mois.

L'affaire des poisons a duré trois ans. Il y a eu des centaines d'arrestations. « Le public a été délivré des monstres horribles qui l'infestaient [...] » écrivait La Reynie à Pontchartrain quelques années plus tard. La Reynie a fait du bon travail, mais il n'a pas pu mettre la main sur Le Grand Auteur. Les bandits ont continué à parler de lui bien après l'affaire des poisons. Ils parlaient de lui chaque fois qu'une mort prématurée enlevait quelque personnage important. La mort de Louvois en 1691 — beaucoup de gens, dont sa femme, pensaient qu'il avait été empoisonné —, sans aucun doute pour eux, était l'œuvre du Grand

Auteur. Qui d'autre aurait pu réussir un coup pareil sans se faire prendre ! L'art du Grand Auteur représentait le sommet absolu et indépassable. Le Grand Auteur était une légende. Geoffroy avait cassé ses fourneaux en 1676 et il s'était retiré des affaires. Les bandits ignoraient que Le Grand Auteur n'existait plus depuis 1676.

Le vieux est mort peu de temps après l'affaire des poisons. Le jour de sa mort Geoffroy a pleuré pour la première fois depuis longtemps, il s'est lâché. Il a réglé les détails de la cérémonie d'enterrement. Il n'y a pas participé, le vieux le lui aurait déconseillé.

Le vieux l'avait suivi dès le premier soir de leur rencontre et l'avait vu disparaître « derrière la grande porte cochère d'un bel hôtel du Marais ». Il s'était renseigné et avait appris qui il était. Il lui a raconté tout sur son lit de mort.

Son père n'a pas réussi à le séparer de « la veuve maudite ». Il lui a réclamé cent-mille livres — le prix de la charge de conseiller au Parlement. Il l'a déshérité. Sa mère ne lui a jamais écrit. Geoffroy a revendu sa charge de conseiller. Il a fait parvenir cent-mille livres à son père. Il n'a jamais revu son père. Il n'est pas allé à son enterrement. Il n'a jamais revu sa mère, il n'est pas allé à son enterrement non plus.

L'affaire des poisons, le fourneau, les doutes que Touchet avait émis, la mort de Touchet, les rumeurs chuchotées par ses domestiques quant aux raisons de la mort de Touchet... Madame de Tollières a repensé à tout. Elle est arrivée à la conclusion que Geoffroy avait empoisonné Touchet. Madame de Tollières respecte le plus fort ; critère simple mais efficace. Geoffroy a été plus fort que Touchet. Ça n'est pas tout. S'il a empoisonné Touchet, s'il a empoisonné d'autres gens, s'il était un empoisonneur et il a pu échapper à la police pendant toute la durée de l'affaire des poisons, il fallait avoir peur de lui.

Hélène et Geoffroy allaient de temps en temps passer quelques jours chez madame de Tollières. Ils occupaient l'ancienne chambre de Geoffroy.

Remerciements

Merci à Louis XIV pour son siècle.
Merci à Gabriel Nicolas de la Reynie pour ses interrogatoires.
Merci à Christophe Glaser pour son *Traité de la chimie, enseignant par une brève et facile méthode toutes ses plus nécessaires préparations*.
Merci à Paul Brouardel pour ses cours de médecine légale.
Merci à Georges d'Avenel pour sa base de données.
Merci à Edme Pirot pour sa relation des dernières heures de la vie de Marie-Madeleine d'Aubray, marquise de Brinvilliers.
Merci à Jacques Collin de Plancy pour son *Dictionnaire infernal*.
Merci à Zatarra pour ses olives.

Maquette : Éditions 987.
Conception graphique : Éditions 987.
Diffusion : Éditions 987.
Imprimé par : CreateSpace, Charleston Sc, pour Éditions 987.
Distribution physique : Amazon.com ; autres distributeurs.
Numérique : ouvrage disponible en version électronique.
Distribution numérique : Kindle ; autres distributeurs.

Éditions 987
BP 10347 — 86009 Poitiers cedex

Dépôt légal : avril 2016.

www.ingramcontent.com/pod-product-compliance
Lightning Source LLC
Chambersburg PA
CBHW031146160426
43193CB00008B/275